我不希望
她因為自己是女孩
而感到後悔

陪伴女兒
建立內在力量的教養課

前言

七年前，當我得知懷的是女兒時，除了感到欣喜若狂外，卻也同時伴隨著一份揮之不去的不安——我真的要在這樣的社會裡，養育一個女孩嗎？

身為一名女性，我的人生中經歷了許多「若不是女性，可能根本不會發生」的苦痛。

我不禁自問：我的女兒也必須經歷這些痛苦嗎？我不希望她承受這些，不希望她有一天會感到後悔，想著「要是我不是女生就好了」。

我衷心祈願這一切都不會發生。雖然我是如此期望的，但說實話，我卻沒有能將她保護到底的自信。

在電車上，至今仍然存在著性騷擾行為，許多人因此受害。而近來，在網路上也出現了可能遭遇性暴力的恐懼。一個人的外觀，可能會在各種場域中遭受到不同人的隨意評斷。

在我撰寫本書的當下，日本從未出現過任何一位女性首相，除此之外，擔任管理職的女性比例也依然偏低。即使是在相同職位、從事相同工作的情況下，現實就是女性的薪資仍比男性來得少。

許多照護性質的勞動主要由女性負責，而就算是有薪勞動，這類工作的薪資，通常也不高。不少女性為了擔負家務、育兒或照護的任務，被迫放棄自己的職涯發展。

女性單親家庭的貧窮率超過五成。也因此，即使遭受另一半的家暴，許多女性仍無法選擇離異。

眼前的課題堆積如山，實在無法靠我一個人就能解決。即使如此，我也絕不願意放棄保護孩子。因此，我想從家庭出發。身為家長，我必須先去了解，我們究竟能為孩子做些什麼。

抱持著這個想法，我去拜訪了許多專家、當事人以及倡議人士，聽取他們的意見。借助他們的智慧深入了解，並親身去實踐，我相信可以幫助建立起「認為身為女生也很好、這樣的自己也很好」的心靈基礎，培育出自尊與自信。

我的內心充滿了不安與疑問。

舉幾個例子來說：

「我希望尊重女兒自己選擇的學校，但想到她將來可能得搭電車上學，就會忍不住擔心她會不會遇到色狼。」

「她遲早會有自己的手機，但我又不想變成監視她的媽媽。那我要怎麼保護她不受到網路上的各種傷害？」

「我希望她將來能夠獨立，不論是否結婚，希望她都能賺到足夠讓自己生活、保護自己的錢。那是不是該讓她念更好的學校？但話說回來，什麼才叫『獨立』呢……？」等等。

除此之外，還有許多父母們也有類似的疑問，我也根據他們針對「在養育女兒時最擔心的事」所填寫的問卷內容去請教了不同專家。

這本書中，收錄了許多專家給予的具體建議和提示。

或許，光靠這本書無法徹底改變整個社會。但我相信我們可以藉此向下一代發聲，並讓我的女兒、讓更多年輕人看到我們努力的模樣。

今天我之所以有投票權、有工作權，甚至能夠執筆寫書，全是因為過去有無數女性為我們發聲、奮鬥。比起祖母、母親那輩的年代，女性的處境或許真的已經改善許多了。就算如此，仍遠遠不足，我們還有很漫長的一段路要走。所以我也想成為其中一個願意站出來說話的人。

寫這本書的契機來自於我非常私人的願望：我想守護女兒，不希望她因為身為女性而承受不必要的痛苦。不僅是自己的女兒，我也衷心希望能幫助其他女孩和女性。

說要「守護」女孩們，也許聽起來有些居高臨下。

但與其說是守護，不如說是希望自己能斬斷負面連鎖，成為一個開疆闢土的人，我希望開闢出一條能讓年輕人懷抱自信，靠自己開拓未來的道路。

本書聚焦於社會中處於相對弱勢的女孩們，身為家長的我們，該如何面對她們將來可能承受的各種傷痛。但這絕不是說男孩的父母就不需要閱讀這本書。其實書中也有許多在養育男孩時同樣重要的提醒。畢竟，兒童本身就是社會中較為弱勢的存在。坦白說，現今的社會尚無法完全保障兒童的權利。因此，為了讓所有孩子的權利都能得到保障，理所當然地，我們必須採取行動。

此外，雖然這是一本為了保護孩子而寫的書，但在我訪問許多專家並整理訪談內容的過程中，身為大人的自己也獲得療癒，從內心湧現了力量。

我相信，如果你是女性讀者，這本書可幫助你照顧自己；如果你是男性讀者，也能透過這本書，深入理解女性所面對的真實處境。

我由衷希望，這些即將展翅高飛的女孩們，不會再覺得「要是自己不是女孩就好了」，而是能抱著「自己這樣就很好」的想法活出自己的人生。同樣地，我也希望，我們這些大人，也能覺得「我這樣就很好」，活出我們的人生。

犬山紙子

一起思考的專家們（按出現順序）

清水晶子

東京大學研究所綜合文化研究科教授。專攻女性主義／酷兒理論。著有《女性主義究竟是什麼？[02]（暫譯）》（文藝春秋）、《政治正確的下一步是[03]（暫譯）》（有斐閣）等書。

第2章　第3章

上野千鶴子

社會學家、東京大學榮譽教授、政府認證NPO法人Women's Action Network（WAN）理事長。專攻女性學與性別研究，研究主題亦包括老年人的照護與關懷。

第1章　第2章

長田杏奈

美容作家。著有《美容是鍛鍊自尊心的重訓[04]（暫譯）》（P-Vine），負責編輯《Etcetera VOL.3 為我自己而存在的身體（暫譯）》（etc. books）。

第2章　第3章

吉野Nao

從青春期到出社會期間經歷了飲食失調。自2013年起以大尺碼模特兒身份展開活動，也撰寫專欄文章。著有《翻轉自卑感[01]（暫譯）》（旬報社）。

第3章

稻葉可奈子

婦產科專科醫師、醫學博士、Inaba Clinic院長。畢業於京都大學醫學系，於東京大學研究所取得博士學位，是四個孩子的媽媽，其中包括一對雙胞胎。Inaba Clinic在2024年7月於澀谷開業，宗旨為打造一所能讓國中小學生就診的婦科診所。

第4章

荻上知紀

以媒體理論為中心，廣泛討論政治經濟、社會問題與文化現象。NPO法人「停止霸凌！Navi[06]（暫譯）」理事長、「社會調查支援機構知紀實驗室[07]（暫譯）」所長。著有《產生→引發霸凌的教室[08]（暫譯）》（PHP研究所）等書。

第7章

SHELLY

1984年出生於神奈川縣橫濱市。14歲時以模特兒身分出道，之後多方面活躍於綜藝節目、主持等不同領域，是三姊妹的媽媽。經營YouTube頻道「SHELLY的浴室[05]（暫譯）」，談論性教育內容。

第2章　第3章　第4章

鈴木朋子

科技線記者、智慧型手機安全顧問。目標為協助大眾安全使用科技。著有《父母所不知道的孩子的智慧型手機（暫譯）》（日經BP）等書。

第5章

御手洗加奈

臨床心理師、公認心理師[09]。目前在國際心理支援協會工作，同時活躍於媒體，並透過社群媒體發聲。任職NPO法人「mimosas（含羞草）」副理事長。

第3章　第4章　第6章　第8章

內田舞

兒童精神科醫師、哈佛大學醫學系副教授、麻省總醫院兒童憂鬱症中心主任，三個孩子的媽媽。2007年畢業於北海道大學醫學系，2011年於耶魯大學完成精神科住院醫師訓練，2013年完成哈佛大學與麻省總醫院的兒童精神科住院醫師訓練。

第3章　第8章

01 日文書名《コンプレックスをひっくり返す》。02 日文書名《フェミニズムってなんですか？》。03 日文書名《ポリティカル・コレクトネスからどこへ》。04 日文書名《美容は自尊心の筋トレ》。05 日文原文為SHELLYのお風呂場。06 日文原文為ストップいじめ！ ナビ。07 日文原文為社会調査支援機構チキラボ。08 日文書名《いじめを生む教室》。09 日本的心理師國家資格證照。

第1章 ✤ 我不希望她因為自己是女孩而感到後悔

第2章 ✤ 希望她不是活得「像女生」，而是「像自己」

第5章 ✤ 想保護孩子免於社群網路與網路的威脅

第6章 ✣ 希望無論是何種性向，你都能感受到被愛

第7章 ✣ 不希望她霸凌別人，也不希望她被霸凌

第1章

我不希望她因為自己是女孩而感到後悔

女兒出生後
天啊，太惹人憐愛了！
我想要保護
這幼小又纖細
的生命！
心痛
悸動
女生……
但我自己
身為女性一路
活過來……
雖然也有
很多樂趣，
可愛
無辜
卻也遭遇到了
許多不公不義。
我的朋友們
也一樣……
我不希望她
經歷一樣的事!!
我該如何保護她!?
性暴力
婚後很難
繼續職涯
沒有否決權
的照護勞動
外貌主義
被強迫
要有
女孩子樣

我不希望我的女兒，經歷我曾遭遇過的那些痛苦。

我想，不只是我，很多女性應該也有相同的心情。但所謂的「那些痛苦」，到底具體指的是什麼？我們究竟曾承受過哪些傷痛？

想要談論養育女孩的不安，或許得先從回顧我們家長自己身為一位女性所背負的創傷、不公不義與擔憂不安開始。

因此，在二〇二三年，我進行了一場網路問卷調查，調查許多家長自身的傷痛，以及在養育女孩時感受到的不安。我想，那些願意回答的人，在填寫問卷時，勢必因重新回憶起那些傷痛而感到相當煎熬。但也正因如此，我從那些回答當中，感受到大家在這個容易忽視女性痛苦的社會之中，再也不想裝作若無其事的心情。

因為是女生，就必須放棄夢想；就無法繼續工作；就被輕視嘲笑；不能穿自己喜歡的衣服，甚至遭遇性暴力。

每當這些不公與不合理發生時，我們往往只能在心裡告訴自己：「雖然很不甘心，但也無可奈何。」我們早已對這個社會失望透頂，覺得與其寄望、與其生氣，不如放棄還來得輕鬆些。於是，即使傷口還沒癒合，我們當下還是選擇硬是掩蓋起來，假裝什麼事都沒發生，但暗地裡，傷口其實一直在潰爛——這就是過去的我。

而當我看到這份問卷的結果時，感覺就像那個掩蓋傷口的蓋子終於被打開了。我承認自己其實很弱小，也受了很多很深的傷——雖然我以前一直不願承認。但同時，我也強烈確信：在那樣的傷痛之中，還是努力活到現在的我，還有你，都是無比堅強的。

養育孩子、尤其是女孩時的種種不安

在這份二〇二三年的網路問卷調查中，我詢問了兩個問題：①身為女性活到至今的痛苦經歷；②養育女孩時的擔憂。我們收到了將近一百份回應。雖然無法一一詳列，但以下節錄部分於本章。

①身為女性至今的痛苦經歷

性被害・暴力被害

- 幼年時曾遭受性侵，即使告訴了父母，也沒被當一回事。
- 幼年時和姊妹一起遭受到來自親戚的性暴力。
- 校規竟然連內衣顏色都要檢查，嚴重侵犯人權。
- 從小被以外貌與舉止評斷價值，長期受到猥褻和性騷擾，導致自信低落，最後甚至就算遭遇到不合理的事也覺得一定是自己的錯，說不出任何反抗的話。

家務育兒、性別角色、母性的壓迫

- 生產本就是賭命的事，卻在產後理所當然地被要求做家務，還得去婆家報到。
- 即使夫妻都有全職工作，大部分的家務與育兒責任還是落在我身上。
- 生完孩子後我換成短工時的工作。丈夫把女性應該為家庭放棄職涯這件事視為理所當然。
- 在娘家有女性要負責下廚的不成文規定。
- 成為妻子的瞬間，就被視為支持丈夫的要素。
- 被認為所有的女性都天經地義地想當媽媽。

認為女性就是比較差、女生就該有女生樣的社會偏見

- 不被視為獨立個體，只期待展現可愛的特質。
- 被說「女性的工作能力本來就比男人差」。
- 當我創業時，謠傳我有金主。當我事業成功時，有人說我是靠身體換來的。

- 對方面對我時態度惡劣，但當我丈夫出現後，對方就馬上變得客氣起來。

升學、才藝學習與父母的差別待遇

- 被父母說：「女孩子不需要上大學。」
- 不被允許就讀私立大學，哥哥卻沒有這項限制。
- 我和弟弟是雙胞胎，但弟弟可以去學才藝，我卻被要求幫忙做家事。
- 被說：「妳是女生，靠賣身就能活下去。」

職場上的差別待遇與性騷擾

- 結婚時被說：「妳怎麼不辭職讓老公養妳？」
- 在職場被有權力的男性性騷擾，但沒有人願意出面幫助我。
- 同時間進入公司的男同事兩人組以及我和另位一位女同事兩人組當中，明明女性組業績較好、負責的工作也較多，結果升遷的卻是男性組。
- 公司重要的專案小組中，女性人數只有男性的十分之一。

・休完產假與育嬰假後，被調去支援性質的部門。

・女性的薪資比男性低。

外貌相關

・過去被灌輸胸大的女生才好的價值觀，因此一直感到很自卑。

・青春期時，充斥著「女孩子的外表就該是這樣」的壓力。讓我覺得妝容和體型不合標準的自己很糟糕。

・外貌被男生打分數。

・因被說胖而導致飲食失調。

社會與制度設計

・申請都立高中時，女性被要求有更高的分數與在校成績。

・結婚後必須改姓。

・當我的丈夫改成我的姓時，被周遭的人指指點點。

- 單親媽媽貧窮問題被認為是她們自己的責任。
- 職業婦女的楷模榜樣，淨是一些能達成超人行程的女性。
- 找工作時被說念研究所反而是減分，事實也正是如此。學校連一位女性教授都沒有。有些理工科的技術職位甚至根本不招女性。

②養育女孩時的擔憂

性別框架與刻板印象

- 年紀還小時，孩子就已展現出男生用藍色，女生用粉紅色的意見。
- 十二歲的女兒曾被男同學說：「妳是女生，舉止應該更文靜一點。」我希望女兒能以她覺得最自在的方式生活。
- 丈夫會說「女生說話要客氣一點」，以性別為理由來責備女兒。
- 才藝班老師曾說：「女生功課只要過得去就好吧。」
- 希望孩子不要在學習理組科目之前，就先入為主地認為「女生本來就比男生弱」。

未來發展

- 擔心孩子如何看待我的生活方式，怎樣做才是最好的榜樣？
- 不希望她在就業時遭受性別歧視。
- 擔心她會認為結婚後就必須以家庭為重，家事理所當然是女性的責任。
- 擔心她會遇到職場上的玻璃天花板。
- 擔心她加入男性的團體時，是否能自在地表達自己的想法。
- 希望她能離開不喜歡的伴侶或職場，擁有判斷危險，遠離危險的能力。

外貌相關

- 女兒的身高體重貼近成長曲線的上限，常被其他媽媽講，一想到女兒懂事後會怎麼想，我就感到很不安。
- 親戚會評論五歲女兒的身材有點豐腴，不知道該如何恰當應對。
- 周遭的人常會講一些「這孩子以後眼睛可能會很大」之類關於外貌的期待，擔心女兒會覺得自己「必須」長成那樣。

・擔心企業廣告鼓吹美腿、顯瘦、時尚才是王道等助長外貌主義的價值觀。
・高二下學期，女兒說為了減肥要求減少便當份量，後來甚至停經，開始看婦科。
・丈夫曾對女兒說：「如果眼睛不大身材不苗條，就遇不到好對象喔。」
・擔心姊妹之間，只有一方的外貌受到稱讚，會對青春期的自我評價產生負面影響，希望她們都能認為自己有自己的美。
・被說「混血寶寶好可愛」，擔心未來會一直被拿混血這點來比較。
・丈夫曾因為女兒胸部左右不對稱而說「女生這樣真可憐」。

性教育與性暴力

・擔心不知道該在什麼時機、用什麼方式進行性教育。
・萬一女兒遭受性暴力，不知道該如何應對，希望她能不要責怪自己。
・害怕讓女兒搭電車上學或單獨在外租屋。
・女兒曾說在托兒所被男生要求看她的下面，而她也給他看了。後悔當初沒有更仔細地教導她關於私密部位的知識。

・女兒四歲時，在托兒所被大一歲的男生們盯上，把手伸進她的裙子和內褲裡。老師卻以「因為她可愛、他喜歡她才這樣」想輕描淡寫地帶過，讓我感到十分不安。

・女兒上小學後，活動範圍變廣，一直告誡她要注意性侵害，但同時也感到悲傷，為什麼需要教導孩子這些事。

・在大賣場看見年輕男子拍攝女生的腿，當下沒有確切證據是偷拍，也很害怕，因此沒有通報，讓我到現在都還非常後悔。

・丈夫帶四歲女兒去廁所時，放女兒獨自一人在廁所，自己卻跑到隔壁吸菸區。兩人對性暴力的危機意識差異太大，令我相當不安。

・到了小學高年級，換運動服時教室仍然沒有分開，向老師反映也未改善。

・性侵兒童的罪犯可以擔任教師。

・在社群媒體上看到「推薦喜歡小女孩的人去公共游泳池的更衣室，因為爸爸會帶女兒去」這種留言，感到非常恐懼。

・不知道該如何保護孩子免於透過智慧型手機等發生的網路性暴力。

・小五的女兒初經來了。現在的孩子初經年齡越來越早，對戀愛也比較早熟，希望學校能加強性教育。

- 不希望女兒受到異性戀的戀愛至上主義的影響。
- 婦產科診所不夠普及，不能想諮詢就諮詢。
- 當前的環境下，就算有需要也無法立即取得事後避孕藥，但年輕女性卻容易被視為可以用性支配的對象。
- 希望女兒能以正向態度看待性，同時注意自己的安全。即使學會自慰也不要覺得是壞事，但不知道該如何傳達。

媒體

- 電視、繪本、海報等日常可見的媒介，常有女性負責家事和育兒的描寫。
- 經常只強調女性的價值在於「年輕、可愛」。
- 兒童觀看的漫畫、動畫中經常會出現性化女孩的內容，很擔心孩子會把這些內容當真。
- 一上網就立刻出現情色廣告，孩子只是想查資料，網上卻到處充斥情色內容，容易被孩子接觸到。

社會

- 性犯罪太多，刑罰卻太輕。
- 女性僅僅因為性別就受到不公平待遇，例如：都立高中男女招生比例、醫學系入學的性別歧視、職業選擇、薪資差距、不承認夫妻別姓、不支付扶養費用、婆媳問題、未來伴侶將家事育兒完全丟給女性等。
- 擔心女兒遭受家暴或跟蹤狂的騷擾。
- 希望能針對所有世代加強對性犯罪和數位刺青的認知，並加重性犯罪的刑罰。
- 不希望女兒因為是女生而受到不公平的對待，也不希望她因此喪失自信認為自己能力不足。

＊

問卷調查中，最令人強烈感受到的是大家都不希望女兒遭受性暴力。大部分填寫問卷的人都對此感到不安，甚至也有已經遭遇過的案例，令我感到十分心痛。

我自己最先想到的擔憂也是「不希望女兒遭受性暴力」。這反映出我們這一代經歷過太多性暴力，也不期待社會能積極取締性暴力。防止性暴力加害者再犯的計畫數量也嚴重不足。

除此之外，對外貌主義的擔憂也非常強烈。我自己在青春期時就深受其擾，至今仍對外貌感到自卑。外貌的煩惱有時會沉重到讓人覺得活著很痛苦。用單一基準衡量美，迫使不符合標準的人失去自信的社會是不正常的。

我希望女兒無論自己外貌如何，都能由衷地認為自己是美麗的。我也希望過去的自己能這樣看待自己。

至於其他擔憂的內容，感覺得出來也是基於我們自身經歷過不公平不合理的待遇而產生的。大家果然都不希望女兒經歷相同的事。

我們在試圖保護女兒時，或許也是在擁抱和保護當年那個因痛苦而哭泣的自己。女兒和自己是不同的個體，因此自己應該先擁抱那個曾經受傷的自己。擁抱自己，然後再好好擁抱女兒。

傷痕累累的我們，該如何養育女兒？

接下來，我們請教了東京大學榮譽教授上野千鶴子。

孩子的人生是孩子自己的。而我的人生，又是誰的呢？

上野 「我不希望她因為自己是女孩而感到後悔」這個書名真的太棒了。過去，身為女孩被認為是自己的宿命。既然是宿命，就無從改變。所以，光是演變到能夠說出「不希望她後悔」這句話，就已經是相當大的一步。

犬山 在以前連「想要改變、不希望她後悔」這種想法都無法想像。從只能接受宿命的時代走到今天，正因為有所進步，才能說出這樣的話。然而，女性依舊感受到來自社會的壓力，要求女性具有「生產的本能」、「照護的特質」，乖乖聽話別回嘴做就對了。我希望女兒能從這種壓力中解放，走出自己的人生。

上野 就算到了現在，在日本，妻子的價值仍然由丈夫決定。不僅如此，過去女性的價值更是由孩子來決定的。諾貝爾獎得主出爐後，記者會去採訪得獎者的母親，問：「您是怎麼教育孩子的？」在過去，為丈夫和孩子奉獻就是女性的角色。就算是現在的女性，或許仍然認為自己的價值是由丈夫和孩子來決定的。有些優秀的女性菁英也無法忍受自己的丈夫和孩子不是菁英分子。

但是，非常明顯地，丈夫和自己是截然不同的個體，所以丈夫的人生並非我的人生。孩子的人生也是孩子自己的。能活出我的人生的只有我自己。必須要覺悟到自己才是自己人生的主角，這點相當重要。

犬山 一旦有了這種覺悟，就會發現女性的薪資仍然偏低，我對這種難以讓女性「活出自己人生」的社會結構，真心感到憤慨。

上野 沒錯。社會和制度聯手將女性逼入「女性必須依賴男性生活」的死角，還說是為了妳好。真是荒謬至極。

「我不能丟下這個孩子死去」的想法會持續到幾歲大？

上野 我常常問媽媽們，「妳覺得『我不能丟下這個孩子死去』的想法會持續到孩子幾歲大時？」

犬山 我現在絕對不能死。我現在健康檢查一有狀況，會比以前更提心吊膽。大概要到覺得孩子自己有能力獨立生活為止吧。以年齡來說，大概是二十二歲或十八歲？

上野 還蠻晚的呢。這個問題的答案的個人差異很大，可說是相當有趣。有人說到國中或高中，有人說到大學畢業，也有人說到孩子結婚為止。比較早的，有孩子三歲時就覺得「這個孩子即使沒有我，也能活下去」的媽媽。而那是因為認為有其他大人會照顧他。

到目前為止，我收到最早的答案是零歲。據說她在胎兒離開母體的那一刻，就覺得「這個人是與我不同的個體」，認為「不管我在或不在，他應該都能活下去」。

犬山　這個問題真厲害，能逼出家長內心複雜的真實想法。我的回答二十二年，算是相當長的時間，這正表示我對社會有多不信任，對自己的育兒責任感很強。明明自己在平時活動時一直呼籲大家要多依靠社會。

另外，不知道是否是我把自己的人生和孩子的人生綁在一起思考的緣故？我真的不希望女兒經歷我所受過的痛苦。我曾被色狼性騷擾，所以不希望女兒也遭到性騷擾。那不然難道就不讓她搭電車嗎？但同時我又希望她能學會搭電車，我內心就產生了這樣的矛盾。

除了性暴力之外，在社會上我也曾因為是女性而遭受不合理的待遇。雖然我嘴上說自己是真心為了孩子著想，但其中也夾雜了我自身的願望。年輕時的自己仍在吶喊，無法切割開來。

上野　希望孩子比自己更優秀是家長自我的私心，但不希望孩子經歷自己所受過的痛苦就不是了。有些家長會認為「我以前吃了很多苦，你也應當要吃苦」。但在自己吃過的苦當中，有些是必要的，有些是不必要的，不必要的苦當然能免則免。不希望孩子有那樣的遭遇，我認為是純粹的愛。

因為發聲，世界改變了

上野 性暴力浮上檯面真的是近來的事。在那之前，受害者都默默承受。雖然色狼的性騷擾行為並沒有消失，但現在已被大眾視為犯罪行為。

犬山 當我知道以前的雜誌竟然把容易發生性騷擾的路線當作有娛樂性的資訊來報導時，我真的好絕望。

上野 九〇年代中期，當「性騷擾是犯罪」的海報出現在東京Metro地鐵站時，我非常感動。

雖然就算性騷擾被視為犯罪，這些行為也不會因此消失，但它從「理所當然的事」變成「不應該發生的事」，這是很大的轉變。

年輕照顧者（Young carer）也是如此。年輕照顧者過去被視為「孝順的好孩子」而被忽略，但現在社會的價值觀開始轉變，認為孩子理應像個孩子般成長，因此這是不應該發生的事。雙重照護[10]、獨自育兒[11]也是一樣。**過去理所當然的事，價值觀一百八十度轉變，變成了不應該發生的事。**

是誰改變了這一切？這是由於有人去積極改變了社會，並非社會自然而然的變化。

犬山 是那些勇於發聲、奮力抗爭的前輩們吧。

上野 對，**是那些覺得再也受不了了的女性們去發聲，才帶來了改變。因此，為人家長者，也應當要以身作則有所行動才是。**

10 指同時照顧父母或其他親人和育兒。類似台灣的三明治世代。11 獨自育兒最常指涉是育兒責任全由一方伴侶承擔的狀況，其中又大多為母親，也就是台灣常說的偽單親。

犬山 真的是這樣。但是，有時會覺得自己一個人發聲很無力，也會害怕發聲時會遭受批判和撻伐。

上野 過去大家都是這麼想的。曾發生過有人針對性騷擾勇敢發聲卻遭遇更可怕的事，例如御堂筋地鐵事件（一九八八年，兩名色狼將協助遭到性騷擾女性的另一名女性強行帶走並性侵。而這位挺身而出的女性過去也曾被這兩名色狼性騷擾）。一個人發聲真的會感到無力，雖然很遺憾但這就是現實。像倒茶水這種事也是一樣。發聲反對可能會被周遭的人討厭、孤立。但是，正因為有人說出了「為什麼是我？」，這種事才消失了。

犬山 真的是這樣。因此，**展現發聲的身教給孩子看，也很重要。**

我們在丈夫面前扮演什麼樣的妻子，孩子都看在眼裡

上野 如果妳對丈夫抱持著「為什麼是我？」的想法，首先必須對丈夫說出來才有意義。孩子不是聽家長說理長大的，而是看著家長的行為長大的。

孩子會看著眼前的父母，學習伴侶就是「成熟的女性就該這樣做，成熟的男性就該這樣做」。結果就導致有些男孩的個性可能會變得霸道或傲慢。

犬山 有很多女性都覺得「只要我忍耐就好」。只要自己犧牲事業，家庭就能順利運作，而且畢竟丈夫將來獲得較高收入的可能性也比較大，所以會被強迫認為自己忍耐是合理的判斷。

上野 現狀是男性的薪資較高，所以看起來「合理」，但造成這種男女薪資差距的根本原因是結構性的問題，如果在這種結構下追求「合理性」，只會不斷複製這種結構。

然而，女性自身是否也抱持著「女性的價值由丈夫和孩子的價值決定」這種價值觀呢？希望丈夫出人頭地，難道不是為了自己嗎？記者中野圓佳在其著作《育嬰假世代的困境[12]（暫譯）》分析了綜合職[13]的職業婦女因生產育兒而離職的原因。其中一個原因是，無法與丈夫談

12 日文書名為《育休世代のジレンマ》。13 日本的公司職為分為綜合職和一般職，綜合職必須配合公司調動，有升遷為主管的機會。

判，或認為談了也沒用。

至於為何不期望或不能期望丈夫提供育兒協助，背後有很多原因，其中一個原因是妻子將丈夫的事業放在自己的事業之前，而丈夫也認為這是理所當然的。

除了經濟上的原因，妻子也無法忍受丈夫不夠優秀，這是女性菁英的罩門。然而，歸根究柢，丈夫的人生還是其他人的人生。

當女性決定忍耐，選擇短工時的工作，或放棄想做的工作選擇育兒時，孩子都看在眼裡。孩子可能會認為那是自己的錯，而產生不必要的負罪感。

犬山 家長這一代也是看著母親那樣走過來的。

上野 我很尊敬我的一個年輕女性朋友。她是自由戀愛結婚，因為想要孩子而生下孩子，和孩子一起悶在家裡到了第三個月時，她半夜每兩小時就要起來餵奶，在她最崩潰的時候，丈夫早上跟她說「我出門了」就準備要出門上班，據說她當下在玄關**抱住丈夫的腿大喊：「不要走！你是想殺死我和孩子嗎？」我認為在被逼到絕境時，對丈夫喊出這樣的話是很必要的。**

當時，如果丈夫說：「對不起，我要上班，回家再說。」妳覺得會怎麼樣？

犬山 啊，會覺得這個人根本沒把我當人看，然後把內心封閉起來。

上野 關係絕對會破裂吧。其實根本沒有必要繼續那樣的關係。但大多數女性通常會就這樣讓丈夫走了。那是因為她們已經放棄了。但我朋友的丈夫是個正常的男性，為了好好面對妻子，那天他向公司請了假。他們好好談過之後，結果，那位丈夫換了一份可以早點回家的工作。「收入雖然減少了，關係卻變好了。」她爽朗地笑著跟我說。我希望女性都能像她那樣勇敢表達自己的意見，但大家卻不這麼做。

犬山 因為如果那樣做導致丈夫收入減少，可能會被說是自己的錯。腦中也會浮現孩子的學費之類的現實問題，會讓人很害怕，所以只好自己忍耐。但是，孩子都看在眼裡。

我們擁有改變的力量

上野 我最近常常對國中小學生說一句話。

在某女子高中演講後的問答時間，一名學生說：「聽完今天的演講，我發現我即將進入的社會一片黑暗。」讓十幾歲的女孩說出這種話，真的很令我難過。我雖然一路努力至今，力量卻仍不足，我感到無力又抱歉。沒想到必須將這樣的社會交給妳們。

我向她道歉說：「對不起。」但接著我又補充：「在我們這個世代，也就是你們祖母或母親的世代，女孩子上大學並非理所當然的事。妳們現在能上大學，已經比以前好一點了。**在職場上，妳們也不需要做倒茶水這種事了。社會不會自然而然地改變，是有人去努力改變的。我們改變了社會，所以妳們也擁有改變的力量。」**

犬山 前輩們的身影給了我們很大的勇氣。我之所以想生孩子，或許也是因為看到了社會不斷改變的緣故。

上野 我很推薦帶孩子到各種不同的地方走走。**孩子的世界很狹隘，因此我認為賦予他們多樣的選擇是家長的任務。告訴孩子：這個世界上還有這樣的生活方式、這樣的價值觀、這樣的選擇，所以你可以自由選擇自己喜歡的答案。**

我很喜歡讀別人的育兒書。孩子是很難被敷衍的生物，所以育兒會展現出一個人真實的一面。最近讀了山崎麻里的《兒子物語[14]（暫譯）》，讓我非常佩服。山崎成為母親後，經歷了離婚、再婚，還突然說要去敘利亞，帶著孩子在世界各地奔波。這本書的最後，她的兒子寫道：「拜此所賜，今後我就算成了孤身一人，無論在世界上的哪個角落，我應該都能活下去吧。」她從未用有兒子在這個理由去壓抑自己的慾望呢。

犬山 身為家長，應該沒有比孩子能認為自己「無論在世界上的哪個角落都能活下去」這件事更令人欣喜的吧。

14 日文書名為《ムスコ物語》。

說不出三個以上孩子朋友名字的父親

上野 今天的談話裡，好像都沒提到父親吧？雖然提到了丈夫，但父親幾乎沒有什麼存在感呢。

我常常問四、五十歲，身為國高中生家長的男性：「你能說出三個以上你小孩朋友的名字嗎？」一開始我還問「五個」，我後來把門檻降低了。有些人好不容易才說出三個，有些人則一個都說不出來。相反地，母親卻能流暢地回答。這之間的差異是什麼呢？

為什麼說不出三個孩子朋友的名字呢？當然可能有些孩子真的沒有朋友，但如果不是這種情況，就表示父親對孩子的人生漠不關心，沒有投入心思。而這種漠不關心，總有一天會反撲到自己身上。

我和高中生聊天時，這些孩子正處於升學的人生岔路。**問他們在決定未來方向時會向誰諮詢，不論男生女生，都會毫不猶豫地立刻回答「媽媽」。很少提到爸爸。**在他們十幾年的成長過程中，早已對父親失去信任。他們覺得說了也沒用，父親也不會理解，父親只不過是提供金錢的贊助者而已。

這種後果，會在父親晚年時顯現出來。這可不是能一笑置之的事。我一路觀察下來，舉例來說，若父親先過世，留下母親一人，在這種情況下，兒子會在家照顧母親，這是因為親子之間有親情。

但是，父親和兒子的組合卻非常少見。雖然男性本來就比較不長壽，但研究兒子照護的平山亮先生指出：「當母親過世留下父親時，兒子因為對父親缺乏親情，往往傾向於立刻將父親送進安養機構。」這種情形換成女兒也一樣。

還有一個故事。有一個女學生問我：「明明爸爸媽媽工作時間一樣長，但回家後媽媽立刻進廚房，爸爸卻邊喝啤酒邊看電視。媽媽明明就很累，讓人看了很火大。真想改變這種情況。上野老師，我該怎麼辦？」但是，能改變父親的是母親，而不是孩子。所以我回答她：**「長年以來造成這種關係的根源在於夫妻之間，所以夫妻間的關係只能由夫妻自己去改變。但是，有一招媽媽做不到，只有女兒才能用的必殺技，那就是說『我以後絕對不會選擇像爸爸這樣的男人當我的丈夫』。」**這招對爸爸通常很有效（笑）。

犬山 雖然越來越多男性會參與育兒，但從問卷中仍可看到許多關於丈夫對於女兒可能遭遇的性暴力風險缺乏警覺心，以及丈夫不分擔家事育兒的意見。若他們再繼續展現這種態度給小孩看，最終會以最令人難過的形式回報到自己身上。

*

「社會不會自然而然地改變，是有人去努力改變的。我們改變了社會，所以妳們也擁有改變的力量。」

上野老師對學生說的這句話，就連我這個四十幾歲的人，都深深地被觸動了。在內心的某個角落，我對社會感到死心，也一直有被社會背叛的感覺。對於我疲憊不堪的心來說，這句話無異一帖清涼的藥。

說實話，我也曾憤怒地想：「為什麼總是女人必須發聲？這本來就是掌握權力者該做的事吧！」但是，身為擁有投票權、能夠發聲的成年人，我還是覺得不能放棄。

至今因為有許多女性前輩的奮鬥，才幫我們開闢出了一條道路。我會拿起我手中的筆，以筆代替鐽子，繼續開闢下去。

此外，行動不僅要針對社會，自己在家庭中的行為也很重要。或許很多人因為上野老師的鞭策鼓勵，而想對丈夫採取行動。上野老師所指出的這點相當重要。

但是，如果妳真的已經筋疲力盡、害怕丈夫、認為都是自己的錯，那麼我希望妳不要再努力下去，而應該將重心轉向保護自己。

依靠別人並逃離困境，這也是能示範給女兒看的一種行動。當女兒遭遇那樣的事，我也希望她能選擇逃離。因此就當作是為了女兒，該逃時就要逃。

還有，從上野老師的話中，我也感受到「原來我們是被愛著的啊」。

那些為了下一代女性努力至今的人們的心情，就跟現在我們想保護女兒的心情一樣，她們是為了我們而努力的。這就代表我們是被愛著的吧。即使沒有直接感受到誰的愛，我們也間接地被愛著。就好像被一股強大的力量守護著一樣。

第2章

✤

希望她不是活得「像女生」，而是「像自己」

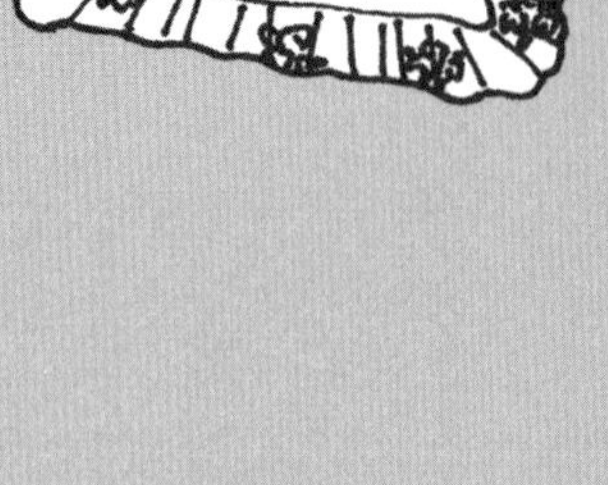

女生被性化是理所當然的
臉五分，身材八十分
你是說A子吧？
我懂
雖然覺得很討厭，但若我不跟著笑，會不會下一個就換我被評論？
女生若有自信會不會被說三道四
我知道問題的答案！但是若舉手別人可能會覺得我很自大。
有誰會回答？
女生是否不適合當領導人？
決定召開內閣會議
當中只有一位女性。
女生是不是該體貼他人比較好？
我也想看電視。
在灌輸這種思想的社會中，我該對她說什麼，又該如何讓她抱有希望活下去？
好乖
好乖

我強烈希望女兒不要因為「身為女孩」這個理由，而被侷限了各種可能性。

希望她能重視自發湧現的「喜歡」和「求知慾」。

希望她能自己選擇自己的人生。

因為我相信，抱著「自己決定自己的人生」的思考方式才能帶來幸福。

然而，在政治家、公司高層、學者，以及出現在媒體上所謂的「偉人」幾乎都是男性的現狀下，這真的有可能實現嗎？

持續看著這樣的現狀，難道不會讓人覺得「重要的決策和創業都是男性的任務，女性做不到」嗎？

反過來說，女性的形象又是如何呈現的呢？

環顧社會，照顧他人，例如育兒和照護，大多是女性在做，難道不會讓人覺得「女性只適合負責照護」嗎？

我照顧母親，並非因為我是女性。

也並非因為我是女性才選擇育兒。

只是單純因為自己想做，因為有必要，所以我就去做了。

我並不討厭自己身為女性的事實。

我討厭的是社會對「女性」的期望與要求。

在這一章，我們請教了各位專家關於性別與育兒的問題。

我們將思考如何向孩子解釋這個充滿性別落差的社會結構，並摸索讓他們即使在這樣的環境中也能懷抱希望活下去的方法。

1 在自己還帶著創傷的情況下，該如何保護女兒

二〇二四年，日本的性別落差指數在一百四十六個國家中排名第一百一十八名。在性別落差如此巨大的環境下，要以女性的身分活下去，可說是非常艱辛。

現在正在閱讀這段文字的人當中，一定也有人受過傷，有過痛苦的經歷。

我們自己都尚未脫離困惑和恐懼，卻必須保護女兒，這表示我們必須一邊面對自己的傷痛，一邊養育孩子。

這樣一來，我不禁擔心，明明孩子應該是獨立的個體，我會不會因為不希望她遭遇像過去的我一樣的痛苦，而將自己的投射擴大到她身上，造成過度保護呢？

而這或許是從祖母到母親，再從母親到女兒，在歷史中不斷重複發生的現象吧。

我們究竟該如何與女兒相處，又該如何保護她呢？針對這個問題，下面我請教了東京大學研究所教授清水晶子。

清水 家長總是想保護孩子，但孩子一定會有自己想做的事、想去的地方。當然，如果家長一律阻止這些行為，就會導致親子關係出現問題。我想，到了一定的時間點，家長還是必須放手讓孩子去做他們想做的事。

正因如此，我們必須盡可能地對抗一切形式的暴力。特別是在日本，女孩更容易遭受性暴力，所以我們必須盡可能地去預防。

然而，沒有人能做到完美地預防。家長總不可能每天陪著孩子搭電車上學吧。

這樣一來，該怎麼做才是問題的關鍵。**若只告訴孩子「我想保護妳、正在努力保護妳」這樣的訊息，反而有可能會在發生事情時，導致孩子無法向家長求助。孩子可能會覺得「妳那麼擔心我，都再三耳提面命了，我卻發生這種事，真是對不起媽媽。」**

如果能結合自身經驗，告訴孩子「為什麼媽媽會這麼擔心」，或許會比較好。當然，有些事是自己能說出口的，有些事則是因為自己內心還沒整理好而說不出口，但當孩子到了某個年紀，最好是能連同這些掙扎也一併和孩子分享。這樣一來，萬一發生什麼事，孩子或許就能比較容易向家長說出口。

當然，我知道有些事是很難啟齒的，所以這並非絕對有效，但重要的是，和孩子建立起一旦發生事情後，能夠一起處理面對的關係。

犬山 我的娘家家規很嚴，例如晚上還有門禁，我想母親是以她的方式在保護我。但是，我希望她當時能告訴我對我如此嚴格的理由。同時，如果她不只是制定規則，也能聽取我的意見，告訴我她其實是信任我的，如果她有這樣處理的話，應該能減輕不少我當時的痛苦吧。

比起「被保護」，我當時「被壓抑」的感覺更加強烈，所以當我開始獨自生活時，反而產生了很大的反彈，不僅一口氣奔向危險，當時也真的遭遇了危險的狀況。

現在回過頭去看，母親笨拙的保護方式和愛情，還有她當時的心情，我都能非常切身地感受到了。

2 當周遭的人說「因為是女生」、「因為是男生」時該怎麼辦？

「因為妳是女生，所以應該～～」、「因為你是男生，所以不准～～」這種老舊的價值觀，即使家長再怎麼小心避免說出口，還是會從周遭或社會滲透進來。

在這樣的社會中，我們該如何與孩子相處呢？我請教了一邊養育女兒，一邊從事寫作的作家長田杏奈。

長田 我自己當然不會對孩子說「因為妳是女生」或「因為你是男生」這種話。如果有周遭的人說了這種話，我會當場介入，並稍微提點一下「這樣說可能不太好喔」。

例如，女兒如果回家後告訴我，在學校等我不在的地方被別人說「因為妳是女生」這種話，我會肯定她那份不舒服的感覺，告訴她「那不太有道理呢」，然後提議「要媽媽跟老師說嗎？」。雖然孩子都會跟我說「不要啦」（笑）。

因為平時就是這樣和孩子相處，或許是因為不用擔心會被直接否定，孩子會放心地告訴我她在外面感受到的不舒服。她還會先警告一下「杏奈（我），我知道妳聽到這個絕對會生氣的」才告訴我。

關於選擇物品或穿的衣服，例如女兒在國中選擇褲裝的制服時，我也是打從心底覺得「很棒啊」，舉雙手贊成。

當她因為「大家都選裙子，只有我不是可能會很奇怪」而感到不安，我就鼓勵她說「這樣才不會跟別人一樣，很酷耶」。

我會支持她選擇自己喜歡的東西，而不是被性別刻板印象或覺得安全穩妥的選項所束縛。反過來說，即使她喜歡在世俗眼光中非常女性化的東西，我也不會說「俗氣的粉紅色」之類的話，因為我覺得那樣也很好。

另外，我們家關於性別分工的區別可能比較不明顯。

以前，因為丈夫工作很忙，身為自由工作者、時間比較彈性的我，有一段時間都是靠自己獨力育兒。當我向丈夫抱怨時，他卻回我：「但那是妳自己選的吧。」讓我非常懊惱……這就是大家老是用的，典型的「自己要為自己的選擇負責」那類論述，充滿新自由主義的味道。

不過，現在丈夫比我更常做家事，也會幫我處理我不擅長的學校相關雜事。因為參與家長會的家長母親比例較高，所以他會比較引人注目，甚至還差點被選為幹部。

然後，我們家或許是個比較特殊的例子，女兒跟著我看著我工作的樣子，故也多少會因為這樣而吸收到了一些「性別偏見是不好的」的概念。最近線上會議和採訪很多，例如像今天這樣的對談，孩子就會在不遠處旁聽。

我在網路上觀看的內容和活動也多與性別議題有關，所以我覺得孩子的性別觀也一點一點地被建立起來了。就像「近朱者赤」一樣，家長所學習的東西，似乎會在孩子心中潛移默化地成長。

犬山 我們家是丈夫負責煮飯，但女兒還在讀幼兒園時，畫了一張我在煮飯的圖，讓我嚇了一跳。明明我就不煮飯，她卻從周遭學到「媽媽就是該煮飯」。這件事讓我感受到，年紀小的孩子真的很容易受到社會的影響。

3 不讓孩子陷入男女有別的「理想職業」框架

小孩子是非常容易受到影響的存在。

在電視或影片中，經常可見男性擔任領導者，女性擔任輔助者的架構，這種偏頗的情況是否會灌輸女孩既定印象，阻礙她們未來發展的展望呢？

長田 女性研究人員出現時，不知為何總是被稱為「理工女」。相反地，幼兒保育員或照護人員等與照護相關職業的女性占比則較多。而這些照護勞動的平均薪資偏低，這也是一個很大的問題。

我認為，在感受到社會存在偏頗或扭曲的現象時，很重要的是必須一一指出問題，例如做出「怎麼都是男性啊？」之類的發言。

好比說，我會和孩子一起玩抓錯遊戲。例如，在看新聞報導內閣改組或日本經濟團體聯合會的成員時，通常會看到一整排年長的男性，這時我就會比較大聲地吐槽。看到情報節目[15]也幾乎都是女性助理配男性主播的組合，我就會說：「聽說國外不是這樣喔，瑞典人看到還覺得很驚訝呢。」

前一陣子發生了一件讓我非常震驚的事。我和孩子一起看一部有舞妓出現的作品，因為我喜歡日本文化，所以覺得和服很漂亮，以相當正面的態度去觀影。但是，女兒卻說：「這是童工吧」、「這是侵犯人權耶。把這些年紀這麼小的孩子集中在一起，強迫她們去只有男人在喝酒的場合不是很奇怪嗎？」於是我就回答她：「妳說得很對」。孩子的視角反而讓我學到了一課，我真的感到非常驕傲。

15 日本電視節目的一種類別。有別於新聞節目，情報節目的內容主要提供生活社會和娛樂相關的資訊。

另外，我製作了許多貼紙上面印有性暴力受害者中心和家庭暴力諮詢電話專線的特殊簡碼，並四處分送。孩子看到我在晚餐後將貼紙裝入信封寄出，問我「這是什麼？」，我就解釋「這是發生這種事時可以打的電話號碼，社會上有很多受害者。」

結果就是，孩子知道了有這些地方可以提供諮詢。

犬山 保由此可見家長自己學習性別議題、聽演講，或是參與幫助性暴力受害者的活動等展現這些行動給孩子看的重要性。

口頭上的說明固然重要，但家長的實際行動所傳達的力量更大。

身為藝人，同時也是育有三女之母的SHELLY也分享了她的想法：

SHELLY 我認為為了他人努力是非常好的事。所以，異性戀者應當要談論關於LGBTQ+的議題，男性也應該要討論關於女性的議題。由非當事人來發聲這件事非常重要。

我所想像的未來當事人是我的女兒，所以我絕對不希望她有相同的遭遇，不希望她在相同的環境下感受到同樣的焦躁不安。

即使三十年後情況仍未改變，我也希望留下我曾努力過的證明。所以，就算只是為了自己將來可以說嘴，我也會繼續努力下去。

如果我不是女生，我今天也許就不會成為藝人，而是成為律師或科學家吧。我小學四年級前就讀美國學校時，曾說過「我要成為美國第一位女性總統」。當時的環境是容許我說出這種話的環境。

而在進入日本的學校後，我從未說過甚至想過要當首相，因為我壓根不認為自己能做到。**日本很讓我驚訝的一點，就是女孩和男孩將來的夢想是有別的。女孩的排行榜上是「保育員」、「護理師」，男孩則是「足球選手」、「棒球選手」。那是誰營造了這種讓孩子不得不如此主張的氛圍呢？就是大人。**

孩提時代明明就是孩子們充滿好奇想嘗試各種事物的時期，我很懷疑她們最大的夢想真的就是照顧別人嗎？我還隱約記得自己小時候也曾感到有點不太對勁。

美國有個著名的實驗，他們請幼稚園的孩子畫「醫生」、「消防員」、「護理師」，結果大家畫的果然都是醫生＝男、消防員＝男、護理師＝女，這正是因為身邊缺乏其他榜樣之故。

4 展示不同的價值觀給孩子看

閱讀本書的人，應該都不希望將性別角色強加在孩子身上。但就算自己再怎麼小心，若周遭環境和社會依然不斷地灌輸「因為妳是女生」這種觀念的話，這時該怎麼辦呢？

長田 當身處在一個被性別刻板印象所囿、令人無力的環境中時，至少可以試著告訴孩子，還有不同的世界存在。

不管是影音內容或書籍，都能讓孩子看到從性別和父權體制的束縛當中解放出來的不同世界，我們必須要具體地讓孩子看見，除了他們一直身處的世界，還有不同的價值觀存在。

這個方法對大人也一樣適用。當在日本的生活讓人感到窒息時，可以去了解世界各地的文化和政治局勢，有時能改變視野，為人帶來希望。

例如，Netflix播出的英國影集【性愛自修室】中，就有兩人一起去買事後避孕藥的場景。在日本，事後避孕藥才剛開始在特定的藥局進行高門檻的試賣，因此可以透過觀影認識和日本完全不同的世界。

我們必須創造機會讓孩子知道，她們現在身處的狹窄社會並非世界唯一的樣貌。

市面上也找得到附有影音內容的書籍，或能展現性別多樣性的繪本等等，即使不強迫孩子去閱讀，也可以放在孩子容易拿取的地方。

犬山 讓孩子接觸各種不同的大人也是個不錯的方法。我在育兒期間，也會和女性朋友們一起開心聚會並互相幫助，我希望孩子能感受到「原來有這麼多不同的大人」、「媽媽和女性朋友們相處得很開心呢」。

那是因為我自己也曾被灌輸「女人之間老是勾心鬥角，不存在不計較利益得失的友誼」這種觀念，並且還一度深信不疑。但事實並非如此。當然，並非所有女性之間都能相處得很順利，但我希望女兒知道，女人之間也存在著理解彼此的脆弱、互相尊重、並為對方幸福著想的關係。

5 在教性別落差時，同時建立孩子的自信

我們該如何向孩子說明性別落差的問題呢？

此外，為了讓孩子成長為對未來充滿希望的人，我們該怎麼做呢？

清水 **至今在日本，仍然存在認為女性或女孩「不應該太有自信」的風氣。這裡講的自信不僅僅是「相信自己，對自己有信心」這種抽象的概念，也包含具體的層面，例如對自己的外貌沒有自信，或是不相信自己能在考試中取得好成績等等。社會上明顯存在一種不允許女孩擁有自信的文化。**

正因如此，我認為教導孩子性別議題非常重要。然而，如果只是告訴她們「這個世界有多麼艱難」，很可能會讓她們覺得無法在這樣的環境當中活下去。因此，**必須雙管齊下，在教導孩子性別議題的同時，也必須培養她們的自信。**

例如，我在大學教書時，發現在一路都在日本長大、接受教育的人，和在海外接受教育的

人之間存在很大的差異——亦即自信心的有無。在日本長大的人，即使非常優秀，也常常先說「我辦不到」。雖然這樣說比較安全，但這種話講久了，可能會搞不清楚自己到底能做什麼。

相對地，在海外接受教育的人比較能輕易地說出「這個我知道」、「這個我會」。有時他們可能真的做不到，但還是會先說自己能做到，我認為這並不是一件壞事，反而是一種優點。

在日本長大的女孩，除非對某件事非常有把握、非常確定，否則不會輕易發言。事後當我個別詢問她們時，發現她們其實都懂，但她們在課堂上就是不發言。

然而，在海外長大的人，會先試著表達自己的意見。他們說話很有自信，但有時說的內容可能很離譜。儘管如此，他們對自己發言的能力卻很有自信。

我感覺日本的女孩從一開始就輸在了起跑點上，從出發時，就被強迫從比別人後退一步的地方起步。

對於在這種環境下長大的人，如果只是告訴她們日本的性別歧視有多麼嚴重，也只是徒增她們的恐懼，然後迫使她們越來越常說「不，我做不到」、「我沒那麼厲害，輪不到我出頭」這些話，不斷累積謙讓的美德，陷入一個不好的循環。

關鍵在於，在告訴她們這樣的社會不好時，同時也要培養她們的自信。而要辦到這件事，不是在學校簡單說一次「妳可以對自己更有自信」就結束了，而必須透過周遭各式各樣大人不斷傳達這樣的訊息來慢慢累積。

其中，家長扮演的角色至關緊要。

家長可以在日常生活中，不著痕跡地去除「因為妳是女生，所以妳做不到」、「女生不該出風頭」這種價值觀的影響。

然後，告訴她們「這時妳可以感到驕傲」、「妳真的很棒」，這是在對女孩進行性別教育時非常重要的一環。

其實這對我們大人也是一樣的，即使到了三十歲、四十歲，甚至五十歲，我們仍希望受到肯定。長大後，很少有人會稱讚我們。所以在孩子成長的過程中，盡可能傳達肯定的訊息是很重要的。

犬山 也就是說，平時我們就必須不斷傳達「女性可以大方地表達意見，而且妳的意見是有價值、很棒的」這個訊息對吧？話雖如此，但我也覺得自己滿欠缺自信的，或許第一步就該從肯定自己開始。為了達成這件事，大人之間互相鼓勵、互相肯定是很重要的。

6 我們有自由選擇「性」與「生活方式」的權利

女性的身體，一直以來都是他人和社會指手畫腳的對象。「妳應該要談戀愛」、「多生幾個孩子」、「要生也不能給公司添麻煩」。當這些變成理所當然的事時，女性有時會對自己決定的生活方式懷抱罪惡感。

清水 妳有聽過SRHR（性與生殖健康及權利）嗎？我希望孩子，當然也包括大人，都能了解「關於性與生殖的健康及權利」的概念。**例如，何時、與誰、以何種方式性交，或者不要性交；以何種方式生育或不生育孩子，這些都應該由妳自己決定，而且妳本來就擁有在不危及自身健康、幸福和穩定生活的前提下，執行這些決定的權利。**這其實是一個非常簡單的概念，但我常常覺得很多人都不太清楚。

懂不懂這個概念與學歷無關。舉例來說，即使是東大的學生或研究生，我感覺有些人也不是很明白，抑或是即便頭腦知道這個理論，身體的感覺卻跟不上。即使如此，我還是希望大家知道。即使身體的感覺還轉不過來，也要相信自己腦中理解的概念絕對是正確的。

當然，我也希望大家知道關於性行為應該注意哪些地方，例如，希望大家都明白，喜歡上某人、與人交往，或者沒有成功交往、決定不交往代表了什麼意思，還有自己有什麼樣的表達權利、又有哪些東西是自己想守護的等等。

此外，希望大家都能事先了解萬一遭受性暴力時該如何應對、可以向誰諮詢、如果在非自願情況下懷孕該怎麼辦、想要孩子但擔心無法撫養時該向誰諮詢等具體的知識。

這不僅是為了自己，也是為了可能面臨相同情況的朋友、姊妹，甚至是戀人。因此我希望大家平時都應具備這些知識。

犬山 我自己也是大約三年前才知道SRHR的。如果年輕時就知道，我就可以對那些跟我說過「我希望他戴保險套，但又怕被他討厭，所以什麼都不敢說。他也不會主動戴」的朋友說：「不不不，不尊重妳這點的男友，根本沒有資格跟妳做愛！」

就算講得這麼堅決有可能導致朋友疏遠自己，我也可以說：「因為我認為妳是值得被珍惜的人，所以他那樣對妳讓我很難過。妳有權利保護自己的身體。」

而且，如果我早擁有這些知識，當初在自己或朋友遭受性暴力時，就能夠採取「生氣」、「諮詢」、「接受照護」這些行動了。

7 不讓孩子被年齡框住、限制

女孩的人生尤其容易受到「幾歲前要結婚」、「幾歲前要生子」這種年齡框架的束縛。「剩女」這種說法，也還未完全從社會上絕跡。

我們該如何保護孩子，讓她們免於受到這種以年齡設限的社會影響呢？

清水 我很希望讓孩子們知道，十幾歲時雖然會覺得自己是這樣的人，但到了三十幾歲、五十幾歲時的想法，往往會有很大的不同。而且這並不一定是壞事。

我們的社會，特別是對女性，傾向於強加一套標準化的人生進程：「在這個年紀前結婚、生子、辭掉工作、照顧父母」。當妳越年輕，就越容易感受到這種壓力。

感受到這種壓力時，妳不需要覺得「我現在沒時間做這些事了」、「我必須達成那個目標」，或是反過來說，想說「現在做那些事可能太遲了」，妳不需要因為焦急地為了配合既定的步調，而放棄思考和嘗試。

年紀漸長後，會逐漸體會到這些道理，但在十幾歲時可能還很難理解。當然，也可能會有例外，但即使偏離標準化的步調，往往也能順利活下去。

我希望孩子們知道這一點。這樣她們就能更容易為自己保留思考、學習和嘗試的時間。我認為這對在日本社會生活的女孩們來說非常重要。

犬山 以我自己為例，在三十歲前後，那種將女性的人生塞入標準化行程的壓力特別大，感受特別強烈。當時我還不太確定自己是否想結婚、想生孩子，卻被周遭的人說「三十前後還沒有男朋友很不妙耶」、「生小孩是有年齡限制的……」，這些壓力讓我飽受折磨。

結婚是必須有想結婚的對象才會考慮的事，而且不結婚也是一種選擇。關於孩子，我在充分了解懷孕相關知識後，仍然不確定自己想要什麼，甚至為此採訪並寫了一本書《我可能想生小孩[16]》。這是一個讓我掙扎到寫了一本書，才終於得出自己的結論的重大議題。

無論如何，為了減輕加諸在女兒們身上「妳必須依照標準化行程去活」、「妳身為女性就應該生孩子」的壓力，我會將SRHR這個守護魔法教給她們。而且，我認為不僅女兒們需要學習SRHR，大人們也應該要學習SRHR。

在告訴女兒「妳很棒，妳的意見很重要」的同時，我也會信任她，在一旁守護著她，讓她自己決定自己的人生。

8 希望她成為能獨立「自己養活自己」的女孩？

我希望女性即使不結婚也能生活，即使離婚也能自立，能夠自己賺取生活所需的費用。但是，資本主義社會中所需的一些特質，就算再怎麼努力也改變不來。而且，在女性面臨收入差距和就業歧視的社會中，女性能夠懷抱「希望能自己賺錢」的心願，表示已擁有相對有利的條件支持。

現在我一邊養育女兒，一邊想著「總之還是讀點書，比較有機會選擇自己喜歡的職業吧……但

16 日文書名為《私、子ども欲しいかもしれない》。

她還沒到能決定自己想做什麼的年紀……強迫她學習學校課業以外的東西真的好嗎？我自己以前就很痛苦……」，各種想法一直在我腦海裡反覆打轉。

清水 這真的是個難題呢。其實我們也很難想像什麼樣的工作能賺錢。有些人即使讀到研究所，做了很厲害的研究，擁有知識和技術，也可能無法養活自己。相反地，有些人做了原本被認為「那種事也能賺錢？」的工作，卻意外地成功了。一些家長想像不到的新興職業，也可能帶來收入。

以前的人認為需要用到刀的工作，無論到哪裡都能養活自己，像是廚師、醫生、理髮師。這些都是專業技能，有一技之長，而且在各國文化中都有一定的需求，所以被認為不會餓死。但是，並非所有人都能從事這些工作，這也牽涉到適性的問題。

而且，將來會發生什麼事也很難預料。生病、意外、大地震等等，都可能讓情況產生巨變。這樣一想，這世上根本沒有保證「這樣做就能養活自己」的工作。

我認為最重要的是，如何培養出在遇到困難時能夠克服逆境的力量。

以前只要好好讀書，進到好公司就能工作到六十歲的時代很輕鬆，但那早已成為過去。所以，如果孩子想讀書，我雖然會盡量讓她讀，但「靠讀書就能養活自己」已不再是絕對的保證。另外，這也取決於孩子的年齡。例如，到了高中左右，孩子自己會開始思考「要不要升學」、「如果讀大學要讀哪個科系」等等。在考慮這些優先順序時，家長因為比較有經驗，所以一起思考是很重要的。

犬山 為了讓女兒在「遇到困難時能夠克服逆境」，我會教她要尋求行政資源和周遭的人的協助，要與人互助合作，學習不讓自己孤立的方法。除此之外，我也會告訴她要珍惜朋友，以及和珍惜自己的人成為朋友。

以我來說，寫作和電視工作幾乎不受學歷影響。我之所以能從事這份工作，是因為在照顧母親的空檔（照護人員來的時候，或是兄弟姊妹在照顧的時候），我覺得「自己只有這件喜歡且想做的事，就算沒有成果也要執著地持續寫下去」，再加上一點運氣才得以實現的。

我的意思不是說學歷和收入完全無關，但家長不需過度強調這兩者之間的關聯，還有，培養孩子發出求救訊號的能力，可能才是更重要的。

9 不要把自己的夢想投射在孩子身上

在思考女兒的學業和工作時，在「想保護她」、「不希望她吃苦」之餘，因為是同性，總覺得有那麼一瞬間，會混入「家長自我實現」的成分。那條界線很模糊，例如我「為了女兒好」，有讓她上英語線上課程。但你很難說我完全沒有摻雜任何「我以前也想學英語」、「我也曾想去國外工作看看」的成分在裡面。

許多事件都顯示，家長過度地「為了孩子好」，反而容易造成孩子心理或身體上的傷害。為了避免那樣的情況發生，我們該如何思考這個問題呢？

上野 我常常覺得父母滿殘酷的。孩子拿考卷回家報告說「我考了一百分喔」，這時父母會說什麼呢？「好棒喔。那下次也要努力考一百分喔。」父母們是否有意識到這種說法其實很可怕？孩子心裡一定想說：「這是我好不容易努力才得到的一百分耶，我根本不能保證下次也能考到一百分啊。」責罵孩子時，也有些父母會說「這麼簡單的事，還要我說幾次？」。尤其是菁英父母，往往會認為自己做得到的事，孩子也理所當然應該做到。

畢業於知名大學的夫妻，會認為孩子達到父母的程度是應該的，甚至希望孩子超越他們。你認為孩子達到父母學歷的機率是百分之百嗎？當然不是。那麼，沒達到的孩子怎麼辦？

若不只有一個小孩，父母還會在孩子間互相比較。人類是會比較的生物，會無意識地去排出優劣並說出口。這也會表現在對待孩子的行為上：「哥哥就可以，為什麼你做不到？」

孩子會被父母比較，自己也會比較。這種情況在菁英家庭的孩子身上更常見。如果一直被以狹隘的標準評斷為「不合格」，內心就會被逼到絕境。

比較本身並非壞事，問題在於父母以單一的價值觀來劃分優劣。其背後的根源來自於新自由主義的價值觀，**口口聲聲說「為了你好」，其實是希望孩子能在競爭中勝出。**

一旦太超過，現在我們稱之為「過度教養」，這是一種以「為了你好」為名的虐待。當那些孩子發出悲鳴並逃離這個狀況時，就創造出了AC（成年兒童，Adult Children）和「毒親」這些新詞彙。

但是，父母並不這麼認為，他們會覺得「我明明就為了孩子付出了這麼多」。

例如，如果自己的孩子有不能工作的障礙該怎麼辦？那些有身心障礙的孩子，或是被逼到拒絕上學的孩子、有割腕自殘傾向的孩子，他們的父母在經歷各種掙扎後，最後都會說「只要活著就好」。關於孩子，我一直都是這麼想的。

犬山 真的，活著就好，活著是最重要的。我現在才明白，我的價值觀深受自我責任論[17]的影響。

接下來，我也請教了長田。

長田 我非常小心不要透過孩子來實現自我。理由很簡單，因為孩子是與我不同的個體，有不同的人生。我不喜歡讓孩子代替自己實現自己的夢想，或是將自己沒能完成的事強加在孩子身上。**與其讓孩子背負這種重擔，倒不如在自己能力範圍內努力去追逐夢想比較實在。**

另外，我認為父母最好別抱著「只要用對了栽培方式，就可以養出任何理想的孩子」這種夢想。這種想法就是把孩子當成蔬菜一樣，覺得只要給予好的肥料和土壤，就能長出好的蔬菜。就算父母認為自己是南瓜，所以孩子也一定是南瓜，但事實上，孩子可能是紅蘿蔔，甚至長成完全不同的蔬菜。

越是對自己的人生感到後悔的人，越需要注意這條界線。所以，不要問孩子「〇〇這麼聰明，將來一定想當醫生吧？」這種引導式的問題，而是不要多加干涉，好好觀察孩子現在對什麼感興趣、喜歡什麼。

我常常訪問孩子。如果孩子喜歡偶像，我就會問：「你最喜歡那個偶像團體的哪一個成員？為什麼？」珍惜孩子喜歡的事物，以及他們想成為的樣貌的那份憧憬，大人應該適度讓孩子分享，並理解孩子的想法，做到這樣的程度剛剛好。

我住在國中升學競爭很激烈的地區，曾經有來家裡玩的小學生在七夕的短箋上寫了「克己」二字，讓我非常驚訝。「克己」是補習班老師教他們的口號，那些孩子為了讀書，犧牲了假日和睡眠時間。孩子本人或許是自願努力的，**但我認為，比起「戰勝自己」，趁孩子小的時候培養他們與自己和睦相處，並察覺自己內心渴望的能力應該更為必要。**

現在日本充斥著以升學導向服務及商品為中心的教育投資和過度的期望，社會會灌輸孩子「只要現在忍住不做任何想做的事，將來就會有美好的事物等待著你」、「現在的努力總有一

17 主張自己要為自己的行為和選擇負責的論述。

天會得到回報」這種想法，讓他們養成延後追求自己樂趣的習慣。

不管是學習才藝還是讀書，只要父母和孩子都能樂在其中那就沒問題，但如果父母因為孩子沒有達到自己的期望而感到煩躁，那就是過度的徵兆。

我自己也被迫參加國中升學考試，比起在想玩的年紀被逼著填鴨式地學習，為了自己決定的目標而主動學習更讓我快樂。即使父母叫我讀書，我也提不起勁，反而會討厭原本喜歡的東西。我認為，目前這個逼迫孩童接受填鴨式的教育，充斥同儕壓力與補習事業的社會結構是非常有問題的。

犬山 尊重孩子的意願，照理說是很簡單的事，但在扭曲的社會結構的影響下，就會變得非常複雜。這不僅止於學習這個面向，孩子的夢想也是如此。雖然想不加思索地單純支持孩子做自己「想做的事」，但當中也有很多難處。

除了陪伴孩子之外，對孩子抱持興趣並試著了解他們是很重要的。如果父母從小就能對孩子喜歡的事物抱持興趣，或許孩子到了青春期也會願意和父母談論他們將來想做的事。

10 不希望她在親密關係中被逼入絕境

我希望孩子能幸福，不希望她遭受暴力或騷擾。雖然自己是這麼期望的，事實上卻無法完全避免這些事發生。

如果孩子將來有伴侶，身為家長，我們能做些什麼呢？

清水 假設女兒將來會與某人成為伴侶，無論對方是女性或男性，要注意的事都是一樣的。家長或親近的長輩可以傳達的訊息，比起「你應該要選擇這種對象」、「絕對不要選擇這種人」，更重要的是先告訴孩子「你要如何好好愛自己」。

如果能好好愛自己，就不會想和那些不尊重自己這個人的核心價值、不尊重自己認為重要的事的人在一起。

例如，在伴侶關係中，當然會遇到要優先考慮對方的情況，但當觸及最根本的核心價值時，就沒有必要以對方為優先，我想告訴孩子們，如果有一件事是你認為「這對我來說絕對不能退讓」的，那你就應該以自己為優先。

這件事可以是事業、技能、才能，任何事物都可以，就算是「自己的美貌」也完全沒有問題。**如果那是對自己來說非常重要的部分，就應該以之優先。重要的是，不要放棄「我認為自己的才能和魅力就在於此」、「我認為自己擁有長期鍛鍊出來的技術」的想法。**

當然，有時候，要貫徹這些想法並不容易，尤其是社會上常常認為女性退讓是一種美德。但是，我想告訴女兒，這時妳可以把自己放在第一位。

犬山 確實，那些懂得自己的價值懂得愛自己的朋友，在遭受騷擾時，就能察覺「這不對勁」，並離開那個環境。

雖然很難阻止女兒遇到那樣的伴侶，但我們應該可以教導女兒，對於自己內心認為絕對不能退讓的事，就不要退讓。同時，家長自己也應該好好思考這個問題。

11 我們能對社會做的事

為了孩子，也為了我們自己，為了讓女孩不再受到歧視，毋庸置疑，我們必須呼籲社會做出改變。那麼，該怎麼做才好呢？

以前我參加清水老師的講座時，老師曾說過「積沙成塔是很重要的」。

清水 如果沒有累積到相當的人數，並指出「這樣是不對的」，情況大概不會有所改變。若我們不去行動，下一代也會重蹈覆轍。而行動的方式有很多種。

舉例來說，在孩子的教育上，當自己的孩子或他們的朋友被別人說「因為妳是女生，所以必須這樣做」，我們可以告訴她們「不不不，妳現在這樣就很好了」、「妳選擇這樣做也是正常的」，我認為這就樣已經算是一個改變了。

雖然長大之後就可能會遺忘掉小時候聽到的許多話，但孩子有時也會記住一些意想不到的話。這些被記住的片段累積起來，就會成為改變下一個時代的行動之一。

當然，去投票、和認識的人談論相關議題、或是在職場或當地社群、家長會等場合感受到不對勁時，試著發言指出「可是我不這麼認為耶」這些行動也很重要。

但若要一個人隨時隨地都全心全力去跟人爭論，會活得非常辛苦，所以我認為也不用做到那種程度，**但是試著說「可是我是這樣想的耶」，或者在聽到有人明顯地散播奇怪或錯誤的資訊時，可以指出「但是有這樣的資訊喔」，這些事都算是一種積極的行動。**

當然，除此之外，如果行有餘力，可以去參加遊行、寫請願書，或者就算很簡短，也可以向政府表達民眾意見，這些也都是積極的行動。

但其實重要的不僅僅是這些行動，日常生活中我們說了什麼、發出了什麼訊息，我認為這才是非常關鍵的地方。

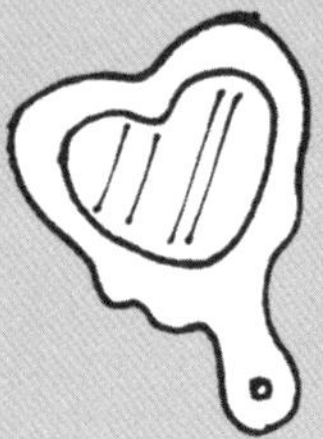

第3章

比起被強加的「美」，
更希望她發現自己的美

青春期的犬山
身體和臉、髮質突如其來的變化，開始變得自我意識過剩
對自己的外貌感到相當困擾
周遭的人也認為我很醜
妳為何把我的臉生成這樣!!
母親，惶惶不安
之後，我開始過度減肥，變得不化妝就不敢出門
但現在這個時代應該有進步一點了吧？
結果現在的社會反而更容易讓人煩惱外貌
上學途中的電車裡有針對青少年的整形廣告
社群網路上蔓延著一股「纖瘦才是正道」的風潮
針對外貌的「正確答案」遭到細分 中顏面[18] 眼瞼飽滿/眼窩凹陷 嘴凸 體型值[19]
被視覺化的按讚數
但是就算家長再怎麼跟孩子說她的外貌很好，應該也沒有效吧？
妳現在這樣就很美了！
國二的我
比起聽到這種漂亮話，我更想收到朋友的稱讚
哼—
究竟該如何保護少女不受外貌主義的毒害呢？
啊啊啊 等我一下啦～

18 又稱中臉。包含上顎與鼻腔，是顏面構造的分類之一，近年來美容整形手術盛行，開始變成常見詞語。19 一種身體數值計算方式，原本常見於日本風俗店或酒店的廣告當中，近來擴散至社群網路上，成為新的減肥相關用語。身高減體重＝110為標準體型，數值越高代表分數越高。

學生時代，我曾極度為自己的外貌所苦，也曾嘗試過度的減肥方式。

青春期時，我滿腦子都是關於外貌的自卑感，常常難過地想：「為什麼我和那些可愛的女孩差別這麼大？」甚至哭著向父母抱怨：「你們為什麼把我的臉生成這副樣子？」

我想說，這種痛苦的程度是不能和他人比較的，「當時的自己真的相當痛苦」，這是一個事實。

現在我四十多歲了，心境相較當年已輕鬆許多。雖然不能說對自己的臉完全滿意，但我很強烈地感到自己「接受了」、「容許了」這樣的自己。

然而，打開社群媒體，卻充斥著比我青春期時更嚴重的外貌主義，電車上鼓吹青少年整形的廣告也隨處可見。在孩子上學途中，就可不經意地看見那些彷彿在傳達「不是雙眼皮就不可愛」的訊息。

要對抗外貌主義，必須培養出能感受多元審美觀的心靈。我四十歲後之所以變得比較輕鬆，是因為內心成長了，加上身邊有著無論我長什麼樣子都不會改變態度的朋友。

只是，當發現新的皺紋或黑斑時，我還是會感到打擊，需要一段時間才能接受。

我希望孩子能培養感受多元審美的心靈。

但在這場鋪天蓋地而來的外貌主義風暴中，要如何不淪為空談，將這個觀念傳達給孩子呢？

1 從小就苦於社會對外貌的評價

人從何時會開始煩惱自己的外貌?這個答案雖然因人而異，但有些案例顯示，有些人在幼年時期、學齡前階段就已受到外貌主義的傷害並為其所苦。

而且，正因為他們還是小孩，有時會說出傷害他人的話。小孩的話很容易受到周遭大人和社會的影響，也可說是一種社會的縮影。

即使只是小時候被說過的話，痛苦的經驗也可能會一直駐足於心中。在這一章，我們就來聽聽身為大尺碼模特兒的吉野Nao怎麼說。

吉野 我的體型最早受到評論的時候，是在幼兒園時期。**當時我大約四歲，在類似全校集合的場合，被高年級的男生說「那個女生好胖」**。因為我從來不覺得自己胖，所以嚇了一跳。當時大家都在笑，周遭的老師雖然制止他們「不可以這樣」，但這個經驗我至今仍記憶猶新。從那時候開始，我就開始在意自己的體型。

但現在回頭看，我當時的體型其實很普通。的確我的臉是有點圓，但也就僅止於此。

之後，在幼兒園舉辦的親子同樂會上，當我要坐在其他小朋友媽媽的膝上時，我因為覺得自己體重很重，為了怕造成別人的困擾，坐時就會稍微懸空。

上了小學之後，我的體型逐漸變得有點肉肉的。男生常常會嘲笑我的體型，但女生朋友並不會對著我這樣說。不過，有一次在公園，不認識的女生突然問我「妳體重幾公斤？」，當我回答後，她就說「喔，這樣啊」，然後回到原本的團體，偷偷地咬耳朵，笑著說「那個小孩有〇公斤耶」。而類似這種傷人的經驗，發生過不只一次。

大約小學四年級的時候，我也被學校老師說太胖。那位老師是位身材比較豐腴的女性，或許因為她自己也有過不愉快的經驗，她訓誡我說「如果一直這麼胖下去，會很不妙喔」。

犬山　沒想到在進入青春期之前，就可能遇到這麼多狀況了呢。

最令人難過的是，不只是小孩，連大人都會以「為你好」的名義造成傷害。如果聽到老師那麼說，「原來我的身體這樣是不好的啊」這種想法就會在孩子心中生根吧。

2 理解孩子想減肥的心理

當孩子開始減肥時，我們該如何應對？吉野當時希望大人怎麼做呢？

吉野 **我希望當時大人能問我「妳為什麼想減肥呢？」**。

雖然有些人會說「妳做自己就很好了」，但有時孩子想減肥，是因為怕再這樣下去，自己會因體型而被朋友嘲笑。

例如，如果孩子說「我想變得像K-pop的◯◯一樣」，這時若再繼續問下去「變成她有什麼好的？」，或許會發現其實孩子內心隱藏著「我想受人矚目」等其他的渴望。了解孩子在瘦下來之後真正想追求的目標是非常重要的。

孩子想減肥，有部分原因是受到社會影響，但也可能是因為眼下的生活不順利，想藉著減肥擺脫現況。例如，有時孩子可能因為家裡氣氛不好，而認為「如果我瘦下來變成人見人愛的孩子，爸爸媽媽就會稱讚我，全家感情也會變好」。

此外，**過度煩惱外貌的人，幾乎都會同時擁有人際關係的煩惱**。由於人際關係不順利，他們會認為，只要改善外貌，就能獲得別人的喜愛。他們無法從「太胖會被討厭，所以必須瘦下來」的想法中走出來，一旦減重成為生活的重心，連本人都無法制止自己。外貌的改變非常明顯，也是很常見的成功體驗，所以孩子很容易就會憧憬變瘦，認為「只要改變外貌，就能改變我現在不順的人生」。但事實上，可能還有很多其他方法可以改變痛苦的現狀。

透過釐清孩子想減肥的根本原因，或許就能慢慢減少他們對外貌的執著。

犬山 要透過傾聽，才能找出孩子真正煩惱的是什麼。若孩子給的理由是「討厭朋友嘲笑我的體型」，那麼問題就不在於體型，而是嘲笑者的溝通方式。「不要強加自己的意見，首先傾聽孩子想法」是非常重要的。

3 讚美外貌也可能造成負面影響

我也曾遇到過學齡前兒童直截了當地評論他人外貌的情況。「○○的媽媽為什麼這麼胖？」「那位老師是禿頭耶」等等，孩子們講話非常直接。即使家長再怎麼注意，孩子還是會從社會或觀看的影片中吸收這些價值觀。我不僅不希望自己的女兒受到傷害，也希望她不要成為傷害別人的一方。身為家長，我們能說些什麼呢？

此外，我也覺得很多大人會在稱讚時提及孩子的外貌。

吉野 這世上不存在一句話能解決所有問題的萬靈丹。

當孩子說出令人嚇一跳的話時，我覺得有必要了解情況。好比說可以問看看「妳為什麼會這樣想？」。

孩子說「我想減肥」時，就問「妳為什麼想減肥？」。之前有位粉絲告訴我，她就讀幼兒園的女兒說「我想減肥」，她問女兒「為什麼這麼說？」，結果發現原因是「因為幼兒園的老師會稱讚瘦的孩子，我也想被老師稱讚，所以想要減肥」。例如老師會說「○○，妳的腿真的很細很漂亮呢」。所以，**我想傳達一點：其實我們本來就不該對別人的體型或容貌品頭論足。**

這個原則不僅是針對小孩，例如，我們有時也會對著電視上的藝人說「這個胖子又來上節目了」。或者看到身材豐腴的人在星巴克喝星冰樂，就說「就是因為喝那種東西才會胖」。

即使不是針對孩子的言行，孩子也會因為暴露在這種價值觀之下，而認為「我必須瘦下來」。

犬山 老師可能沒有惡意，覺得「我只是在稱讚孩子而已啊」，這種情況現在仍然很常見。我認為稱讚孩子自己選擇的髮型或服裝等等是好事，但我希望大家能徹底避免去評論臉蛋或體型等孩子自己無法控制的事物。

並不是不嘲笑孩子就沒關係了。稱讚也會讓孩子認為「我必須瘦下來」，而且也會讓他們學到「那樣用外貌去評斷別人是沒問題的」這種錯誤的觀念。家長和老師這一代的人，首先要審視存在於自己內心的外貌主義。

此外，我也希望社會能不再流行「孩子胖，就代表家長沒有管好孩子」這種想法。

4 當其他人評論孩子的外貌時，該如何保護她？

特別是女孩，從出生的那一刻起，就會因外貌而受人評斷。社會和大人們在無意識當中灌輸的外貌價值觀，會對孩子們產生什麼樣的影響呢？

此外，身為家長該如何去處理針對外貌的評價和偏見，以及孩子周遭的大人們應該扮演什麼樣的角色，這些也是我們值得思考的問題。

SHELLY 我的老大還在襁褓中的時候，在電車上被陌生人說「真是個美人胚子，將來一定能嫁給有錢人」。**當時我（用對著嬰兒說話的方式）回答說「我們要靠內涵取勝對不對～」**。對方則是一臉「呃，喔……」的反應（笑）。

透過那次經驗，我了解到「啊，原來女孩從出生的那一刻起，就被灌輸『妳的角色就是女孩，妳的價值在於外貌，妳要靠可愛和討人喜歡來活下去』這種觀念，而且從這麼小就開始了。」

我也曾被說過「真羨慕妳是雙眼皮」，我很懷疑，難道單眼皮就不好嗎？我不想用這些毫無根據的價值觀來斷定孩子的好壞。

五十年前，美國進行了「褐眼和藍眼實驗」。透過改變對不同眼珠顏色學生的待遇，觀察原本友好的學生開始發展出歧視的樣子。我們至今仍持續在孩子們身上灌輸奇怪的價值觀，發生霸凌問題時，大人們總是傷透腦筋，但問題的根源正來自於大人本身。

以前，我的前夫會開玩笑說「我來幫妳按摩腿，讓妳的腿變得又長又直。」我也多次告訴他「不要講這種話」。**關於外貌的負面評價，孩子們在社會上已聽得夠多了，至少我們家長一定要告訴她們「妳是完美的」**。即使是朋友或家人對孩子的外貌品頭論足，也要立刻糾正。

但是，有時也會遇到像是公司上司或公婆等不方便反駁的對象。這時，我會像在電車上對陌生人回的那樣，半開玩笑地回：「我們是靠內涵取勝的，沒關係啦～」如果孩子被否定時沒有任何人保護她，就會造成更深的傷害，孩子會認為那個人說的是「對的」。如果周遭有人表示「評論別人的外貌是不對的」，我想孩子受到的傷害就不會那麼深。

此外，**我也經常看到家長出於謙虛而貶低自己的孩子**，例如謙虛地貶自己的孩子：「我家小孩真的長得不怎樣啦」。我諮詢中野信子的意見時，她說「日本人認為小孩是自己的延伸，所以當自己小孩被稱讚時會感到不好意思」。我聽了覺得非常有道理。

犬山 如果自己的家長真心誠意地告訴自己「妳是完美的」、「妳生來就該是這個樣子，這就是最好的樣子」，那該多令人感到安心啊。此外，當聽到外貌歧視的言論時，大人也要當場糾正對方。

我自己至今仍然把阿姨對我說「我非常喜歡紙子妳的臉喔」這句話，當作我的護身符。當孩子受到傷害時，大人應該優先保護孩子，而不是顧慮自己的立場。如果實在無法當場說出口，也要私下在孩子耳邊說「沒有這回事」、「評論別人的外貌是不對的」，總之，最重要的是絕對不能讓孩子覺得「沒有任何人站在我這邊」。

5 青春期的孩子聽不進去「沒有必要在意外貌」的難題

我自己青春期時最煩惱的就是外貌。班上存在著階級之分，長得可愛的女生非常受歡迎。而且，我喜歡的人所喜歡的對象不是我，而是那個可愛的女生。青春期的世界往往只侷限於狹隘的學校和家裡，因此外貌可是攸關生死的問題。

廣告上看到的都是眼睛大且身材纖瘦的女生。她們的肌膚沒有長痘痘，頭髮柔順，臉也很小。自從接觸社會以來，總是不斷地一再被提醒「女性的標準答案」。即使在家裡被說「妳很可愛」，我還是希望在社會上被朋友和喜歡的人認同。

吉野 升上國中後，旁人不再那麼直接，而轉為比較間接的批評。

因為體型較大，有時會買不到自己尺寸的衣服，讓人十分困擾。瘦的女生很受歡迎，但我的戀愛之路卻一點都不順利。因為牽涉到受歡迎與否和戀愛，我「想被人認同」的願望開始變得益發強烈。

然後，**我開始認為戀愛不順利是因為我的外貌有問題**。

雖然朋友鼓勵我說「妳不孤單」，但那個朋友是很受歡迎的女生。我們一起出去玩的時候，常常只有她被搭訕。在這樣的環境下，我對外貌的自卑感就越來越深了。

犬山 因為戀愛而責怪自己的外貌，這也是外貌主義和戀愛至上主義社會的責任。「想被人認同」、「想談戀愛」的心情本身並沒有錯。但是社會卻給予「那麼就減肥變好看吧」這種訊息，這才會把孩子逼入絕境。

長田 妳總會遇到那麼一瞬間，因外界的影響而浮現「我再繼續維持這樣的外表下去，可能會有問題……」的想法。

我大約小學四年級的時候，開始在意腿毛。等到我長大了，現在的我會認為「長毛很健康，是件很棒的事啊」，但這不代表整個社會都是這樣想的。

身為家長，我會盡可能地去理解女兒的煩惱。最近女兒也開始在意毛髮，我就會說：「妳這樣就很棒我很喜歡，但如果你還是很困擾，還是有一些安全的處理方法可以試試看喔～」然後告訴她安全的除毛方法。

為了避免孩子在重視外貌的社會中毫無防備的受傷，我覺得事先讓他們了解一些相關知識是必要的。**我會先告訴孩子：「社會上存在著外貌主義」、「其實每個人都可以活得很有自信，但這個社會卻搞得好像只有某些特定的人才被允許擁有自信」這些前提。**傳達社會這些不合理之處，向孩子點出這些結構性的問題是很重要的。以此為基礎再去理解他們現實的煩惱。

重要的是要讓孩子知道有可以讓他們擺脫外貌主義的地方，所以我希望家裡能成為一個安全的空間（可以自在做自己的安全場所）。像這樣不因容貌，而是因身為一個人受到尊重的場域，不僅孩子需要，大人也需要。

犬山 即使無法喜歡自己的長相，首先也需要讓自己認清「啊，原來我這麼痛苦是因為社會的外貌主義造成的」，這樣才不會責怪自己。

6 有問題的是將外貌標準強加於人的社會

在這個以貌取人的社會中，我想更深入地去探討我們該如何去體會、貼近孩子的心。

清水 外貌主義是個很棘手的問題。很難輕易找到解方。特別是對女性而言，外貌的美醜，一直以來都是很沉重的負擔。而且，在外貌主義中，決定美醜優劣的標準本身就牽涉到許多其他因素。

例如，比起東方人的體型，西方人的體型因為頭比較小、手腳比較長而更受歡迎；又或者，比起黑皮膚，大家比較喜歡白皮膚；或是認為雙眼皮比較漂亮等等，這其中也牽涉到人種問題。而這些標準，同時也是反映了階級問題。被認為沒品味、邋遢的服裝，往往和經濟狀況及社會階級的背景有關。在階級制度嚴格的社會中，不同階級的人能穿的衣服是固定的。種種問題都與外貌交織在一起。

身心障礙也是一樣。由於社會上存在著「普通的長相就是這樣」的既定印象，一旦發現偏離這個印象的排列位置、形狀、色彩和動作等等，就可能會被認為是奇怪的或不美麗的。外貌主義中其實摻入了許多問題，要靠自己一個人全部克服可說難如登天。

例如「妳不需要那麼瘦」、「人不是看外表的」這些話，如果是十五、十六歲時的我，根本聽不進去。這些話雖然正確，但以我們所處文化的價值標準來看，聽起來就像是謊言。比起這些話，來自社會的訊息更強大，與之相悖的話就顯得很不真實。「人不應該太在意外表」的道理十五、十六歲的孩子也懂，但說來說去，實際上孩子就是感受到外貌才是最重要的。

我們的文化總是強烈要求女性就該是某種樣子。這種要求其實帶有強制力。會覺得「好像一定得表現得乖巧可愛，符合大家期待的榜樣才行」、「不是雙眼皮或不瘦就不好看」是因為如果不遵循這套準則，自己在社會和文化群體中就會處於不利的地位。特別是針對女性，在各式各樣文化層面的要求中，與外貌相關的要求非常之多。

也就是說，會在意外表是理所當然的，因為我們身處的文化強烈要求我們如此。不遵守這些標準，實際上也會讓自己落於劣勢。與其說「那都是謊言，不用在意」，不如從承認「是啊，確實會比較不利呢」、「會在意也是理所當然的呢」開始。

也就是說，重要的不是嘴巴上說「不應為外貌主義所囿」，而是要理解我們身陷受到外貌主義諸多限制的狀況。而這個情況就是外貌至上主義。在理解這一點之後，才能開始討論這種狀況有多麼不合理。

犬山　這些話，其實對已經成人的家長來說也很必要。明明想對身體保持正向的態度，卻還是會在意外表、在意白髮、皺紋和肌膚鬆弛。這正是因為社會認為女性年輕美麗才有價值。

但是，如果知道造成這種想法的原因是社會，就能從責怪自己的痛苦中解放出來。我希望培育出除了遵循社會要求的「美麗」之外，還能感受到各種多元之美的心靈。

7 存在多元社群，各自擁有不同的美麗

為了不被受到外貌主義束縛的社會所壓垮，學會照顧自己的內心便非常重要。我們該如何認識除了社會強加標準之外的多元美麗，並培養能欣賞這些不同的美的感受能力呢？

清水 如果只身處於由高度同質性的人組成的社群中，就會不明白社群以外的人覺得什麼有魅力，或者是有哪些特質有可能成為魅力。但是，**如果參加了數個社群，就能感受到不同的魅力。而且，這個人就能成為將不同價值觀帶入社群的人。**

以我自己的經驗為例，參加性別多元社群，讓我形成了一些新的價值觀。在英美的女同志文化中，傳統上存在著被稱為「T」（butch）的類型。她們打扮男性化，頭髮剪得很短，只著褲裝。一開始我並不了解她們的魅力。

但是，當我到英國留學時，遇到很多T，而且在社群中會聽到其他人說「T的這些地方真的很帥呢」、「那樣真的很令人心動呢」之類的話。聽到這些話之後再去看T，我的看法就改變了，「原來如此，我現在懂了這些以前不懂的魅力，那樣的確很酷呢。」這個體驗讓我了解到，自己認為美好的事物是會增加的。

這種現象不僅止於孩子和年輕人，我認為人不管到了幾歲，都有可能發掘出和自己最初被賦予的特質不同的美麗，以及不同事物的優點。

因此，**我認為去傾聽那些感受到與世俗價值觀相異之美的人們的聲音、用盡全力去理解他們的魅力，是一件好事**。反過來說，這些努力的成果，最終也會回到自己身上。即使只覺得自己的一種特質好，但如果標準不只一兩個，就會覺得「我雖然△△不行，但因為有○○所以還不錯吧」，這樣一來，對自己的負面想法也會稍微減輕一些。

關於社群和多元價值觀，我請教了現居美國的小兒精神科醫師內田舞。

內田 美國也存在嚴重的外貌主義問題。其中一個迎來變革的因素，或許是人種的多樣性。在歐美移民壓迫原住民、且過去曾存在奴隸制度的美國，長年以來媒體和廣告都持續呈現「白人的臉孔是美麗的」這種觀念。

但是，無論再怎麼宣傳「這樣才是美麗的」，並非所有人都能成為白人女孩。

近年來，隨著對種族歧視的理解加深，以及有色人種人權受到尊重，也開始出現針對「美」的認知的討論，認為「白人＝美」這種敘述本身就是種族歧視。因為非裔、拉丁裔、亞裔的美國人，他們絕對無法成為白人。這當中存在著人種的隔閡。因此，**大家認識到白人至上主義所呈現的「美」並非唯一的美，人們開始覺得就算「反駁」那些被提倡的美也沒關係，自由的能量也開始萌芽。**

在美國，近來粉底也開始強調「選擇適合自己的」色調。以前黑人可用的粉底非常有限，而針對亞洲人，則推出讓他們能更接近白人的美白產品。但是，當人們開始說「不，我們應該使用更能展現自己膚色的粉底」，粉底的顏色種類就增加了。順帶一提，蠟筆型眼線筆、唇彩等產品的膚色也從深棕色到非常粉紅的顏色一應俱全，而且因為顏色太多無法全收入一盒當中，所以膚色的蠟筆會另外自成一盒單獨販售。

那些擁有能量，勇敢站上舞台展現自我的人，會獲得支持者。例如，當黑人網球選手大小威廉絲姐妹（Venus Williams、Serena Williams）開始活躍於網壇時，她們徹底打破了以往網球是王室成員和白人優雅運動的印象。威廉絲姐妹是肌肉發達的女性，她們的網球不僅有技術，還有力量。大威廉絲還綁著串珠髮辮（braid），展現黑人的美麗，完全不掩飾自己的黑人特質，並向世界展示了自己樂在其中的時尚品味。這在以往的網球界是看不到的。當有人展現這些新的事物時，就會出現贊同他們的跟隨者，認為「沒錯啊」。

此外，看著社會對美的認知隨著時代而變化，**我開始覺得「既然美麗的標準會隨著時代和國家而改變，那我就沒有必要追求外在呈現的美」**。**我只要做我自己就好**。

相較之下，在日本這種高度同質性的社會結構中，很難出現能帶來巨大衝擊的事物。但是，既然無法大刀闊斧地改革，那也只能從幼時的家庭和學校中一點一滴地去做出改變了。正因如此，對話才如此重要。

犬山 我之所以能稍微從外貌主義和年齡歧視中解脫，很大一部分原因在於我看到了各種不同的人的生活方式，聽到了其他人讚賞他們生活方式的話語，並在自己心中將其化為了語言。當我打從心底覺得擁有不同樣貌的朋友很美麗時，我對美的認識也變得更加開闊。

我希望我的女兒能遇到各種不同的人，感受到他們哪些生活方式很棒，並培養能互相傳達這種感受的關係。擁有能互相稱讚彼此美好的朋友，我想就能經常感受到活著真好。

8 孩子說想整形時該怎麼辦

一打開IG（Instagram），就會看到整形手術的廣告；打開X（以前的推特），也會看到整形網紅帳號的資訊（我完全沒有批評整形網紅不好的意思）。在上學途中的電車上，貼著「青少年除毛」和「高中入學前的雙眼皮手術」等廣告。

針對「如果孩子說想整形該怎麼辦？」這個主題，我請教了臨床心理師御手洗加奈子。

御手洗 **如果十幾歲的孩子說想做雙眼皮手術，我首先會問她為什麼這麼想。因為有時整形並非根本的解決之道**。所以，首先要仔細詢問，了解狀況。如果在了解狀況之後，家長判斷整形這個方法確實能為孩子解決問題，我會說「先等一下」。「妳的臉在十八歲之前還會有很多變化。現在覺得漂亮的風格，到了二十、三十歲可能會改變。要不要等到臉型定下來之後再決定？」先說服孩子暫緩決定。

如果孩子表示「即使如此還是想要整形，或者到了二十幾歲還是想整形，不整形會很想死」，我會告訴她「媽媽會陪妳一起去」，這樣或許能讓她安心一些。

此外，家長確實了解風險也很重要。例如，鼻部有重要的血管通過，若混入了異物，可能有失明的危險。最好能向孩子說明這些風險。現在因為有「微整形」這種說法，大家可能覺得整形很簡單，但家長如果具備這些知識，孩子也會感受到家長有嘗試要貼近自己。**不要主觀地用二分法判斷對錯好壞，而是要理解孩子的目標，並給予支持。**

接下來，我請到了長田和我們分享她的想法。

長田 當孩子產生想整形的念頭時，不能一股腦地去否定孩子。但是，我會努力反對並改變那種讓孩子覺得「非整形不可」的社會和商業壓力。

在對抗社會結構的同時，可以和孩子一起猶豫、商量、觀察情況後再決定，或者不要急著整形，先暫緩決定。**不要把丟向社會的石頭，朝自己的女兒丟。**

犬山 關於整形，我想沒有絕對的答案。不能說整形絕對不好。但是，如果孩子抱有「不整形就很痛苦、自己好醜」的想法，那就是社會的錯。孩子「想整形」的念頭深處，或許藏有其他想法：「就算只有一個人也好，希望有人能注意我。」或者「無論做什麼都覺得自己不行，覺得那是因為外貌的關係。」我感受到，在支持孩子的同時，仔細傾聽是很重要的。

我自己青春期時也曾多次煩惱想做雙眼皮手術。雖然這個想法我一直無法對任何人說出口，但我記得學會化妝後，我變得開朗起來，也能和朋友開心地出門，煩惱也隨之減少。之後，我的煩惱轉變成「這樣化妝不算是在欺騙他人嗎？」、「害怕素顏」，但現在我真心認為「透過化妝展現自己美感的臉，也是自己真正的臉」，所以那些煩惱也消失了。

9 飲食失調的背後推手、覺察的契機與康復之路

戀愛和外貌主義密不可分。為外貌煩惱的女孩，有時會被那些有精神控制傾向的人鎖定，被認為是絕佳的目標：「這個女孩很聽話，容易被我操控」。曾很在意自己體重的吉野，她過去的戀愛對象是怎樣的人呢？

吉野 在經歷一段戀愛不順遂的青春期後，出現了一位對我說喜歡我的男性。我高中畢業時十八歲，對方大約三十幾歲，比我大十五歲左右。那個人說「只要妳瘦下來我就跟妳交往」。所以，當時的我採取了像一天攝取熱量控制在一千卡以內等相當勉強的手段強迫自己瘦下來。瘦下來後，我們真的交往了。結果，他卻要求我「每天傳訊息向我報告飲食內容和體重」，即使我瘦了三十公斤，他還是說「妳還可以更瘦」，不斷催促我減肥，甚至開始否定我的人格。

現在我知道那其實是一種言語暴力和情緒操控，但當時的我卻覺得我只有那個人了。我認為如果和這個人分手，再也不會有其他男性願意和我在一起。

當時那位男友會在街上批評身材肥胖的人，例如：「那個人超胖的」。他還會說一些看似有道理的話，像是「到頭來人還是看外表的」，讓我逐漸遭到他的控制。最終，我也打從心底認為「肥胖是不好的」，開始自己洗腦自己。他甚至還對我說：「妳的朋友只是沒說出口而已，其實他們都在背後嘲笑妳胖。」

我後來開始察覺到他很糟糕，並主動和他分手了。但是，我心中想瘦下來的詛咒並沒有被解除，留下了飲食失調[20]的後遺症。即使交了新的男朋友，我仍然受暴食症所苦。新的男友也能體諒我的煩惱，雖然他告訴我：「妳不用勉強自己減肥」，但我仍然認為「我不瘦下來就得不到愛」、「沒有人會愛肥胖的我」。和他在一起讓我很痛苦。

之後在我二十五歲的時候，藉著打工的機會，我看到了許多不同人的個人資料照片。我以前認為肥胖的女性是不幸的，但照片中也有身材豐腴的女性帶著笑容。**這讓我察覺到「咦，原來無關體型，還是有人活得很幸福啊」**。

因為我從小就比較豐腴，這或許是我的體質。而我從青春期以來一直在否定自己的身體，所以我開始想，如果試著接受自己的身體會怎麼樣呢？

20 醫學上稱作「飲食障礙」。

飲食方面，我不再以減肥為目標，用熱量來決定吃什麼，而是開始傾聽自己的心情和身體「現在我想吃什麼？」結果，我想暴飲暴食的念頭漸漸消失了，我也學會了「飽了，不需要再吃了」的界線。

由於看到減肥資訊會讓我感到焦慮和自我厭惡，所以我盡可能地避開這些資訊。隔絕這些資訊幾個月後，問題就完全消失了。我心中「肥胖的自己很醜陋」的煩惱消失了。

在那之前，因為覺得自己胖，我放棄了很多事情。即使有想做的工作，也會因為覺得自己胖、沒有自信而找各種藉口不去嘗試。重視自己的感受，煩惱消失後，道路也豁然開朗了起來。我以前一直認為「要先瘦下來才會順利」。然而我發現自己一直以來都弄錯了煩惱的解決方法。

犬山 當社會和周遭的人不斷灌輸「妳不瘦就沒有價值」的價值觀，讓人產生「沒有人會愛上現在的自己」、「無法認同自己」之感，最終就導致了飲食失調。首先家長能做的事，應該就是持續傳達「妳原本的樣子就很棒」、「妳是有價值、值得被珍惜的存在」這些訊息給孩子。

像吉野這樣靠自己的力量擺脫騷擾和飲食失調是非常了不起的，這相當困難。我希望正在經歷相同痛苦的人也能考慮尋求專業人士的幫助。

10 孩子的飲食失調與家長的應對方式

飲食失調據說是「死亡率最高的精神疾病」。根據日本厚生勞動省網站的統計，「每一百位年輕女性中，就有一至三位有這種症狀」，可見有相當多的少女正為此所苦。

此外，飲食失調主要可分為兩大類：

- 極端限制飲食並顯著消瘦的「神經性厭食症」
- 重複暴飲暴食和為了阻止體重增加而採取的補償行為（催吐、濫用瀉藥等）的「神經性暴食症」

家長遇到這種情況時，應該如何應對呢？

御手洗 飲食失調是指因飲食相關的行為異常，導致對身心兩方面都造成影響的疾病總稱。其中包括無法攝取足夠的食物、故意將吃下的東西吐出來，以及無法控制地暴飲暴食等等。雖然一般說法是常見於十幾歲到二十幾歲的女性，但其實任何人都有可能罹患飲食失調。

社會上「瘦即是美」的迷思和「灰姑娘體重[21]」等說法，以及家人或親近的人不經意的一句話，都可能成為引發孩子飲食失調的契機。大多數的飲食失調都是由「身體意象的扭曲」所引起，而造成這種扭曲認知的契機，往往是社群媒體上的資訊和周遭人的價值觀。因此，周遭的大人不去過度強加特定的身體形象是很重要的。

而且，即是在專業的機構，飲食失調也被認為是很難處理的問題。例如，因身體意象的扭曲而導致飲食失調的孩子，很容易形成「想瘦的本人」VS「想讓她進食的醫療人員」這種對立結構。正因如此，在治療階段，**先建立信任關係非常重要，不要否定，而是要去接納孩子。如果在沒有建立信任關係的情況下，就說「妳這樣就很好了」或「不瘦也很漂亮喔」，可能意義不大。**因為本人正被「我現在這樣是不行的！」的想法所困。

為了先建立信任關係，需要站在本人的立場去思考，例如告訴她：「會想減肥是很正常的」、「我也曾因為體型問題非常煩惱沮喪」。

此外，由於社群媒體的影響，孩子可能正在進行危險的減肥方法，所以詢問孩子「現在流行什麼減肥方法？」，以及進行臥底調查，我覺得也很重要。

看到這裡，可能有些家長會想起「我以前好像評論過孩子的體型……」。如果心中有疙瘩，不妨向孩子說聲「對不起，我那時候說了那樣的話」，並花時間將「妳原本的樣子就非常可愛」的心情傳達給孩子。如果擔心孩子有危險的減肥行為或飲食失調等問題，不要過於擔心，可以嘗試去諮詢專業人士。

犬山 現在很多人從國外購買減肥藥，網紅會在不了解藥物副作用的情況下就推薦一些藥物，網路上充斥著危險的減肥法。

家長不應用高高在上的姿態教訓孩子「那樣做對身體不好」，而是要試圖去理解孩子。在尋求專業機構協助的同時，一邊給予孩子支持是很重要的。

21 灰姑娘體重的計算公式為身高（m）x身高（m）x20x0.9。

11 家長必學：如何分享相關知識的方法

為了分享關於飲食失調的知識，據說悄悄地將相關的書籍放在孩子容易看到的地方是個好方法。直接告知有時反而會讓孩子責怪自己「媽媽明明教過我，但我卻做不到」。

以下摘錄自日本厚生勞動省網站上關於「當家人或朋友罹患飲食失調時」的應對內容。

察覺變化

患有飲食失調的人會隱藏真實的情感，也不承認自己生病。但外表仍會出現以下變化：

- 急遽的肥胖或消瘦
- 掉髮、指甲變脆弱
- 皮膚乾燥、發黃
- 體毛變濃密
- 手指上長了催吐造成的繭

- 水腫

如果出現這些變化，就有可能是罹患了飲食失調。請諮詢醫生或當地的諮詢窗口，尋求如何引導治療的建議。

對待有飲食失調的人的方法

當孩子罹患飲食失調時，父母往往會感到自責和痛苦，並急於治療孩子，希望孩子早點康復，但強迫孩子是不能犯的大忌。請抱持著「只要活著就好」的心情，耐心地陪著孩子康復。

- 接受孩子原本的樣子（不要因生病或拒絕上學等情況而責備孩子）
- 不要與周遭的人比較
- 不要要求孩子做不到的事，而是關注他們做到的事並給予稱讚
- 給予孩子能安心的環境

家人也要尋求協助

盡可能尋求多方協助，互相支持，並學習關於疾病的正確知識。

- 尋求有豐富家庭治療經驗的專家
- 參加家屬互助團體，與處於相同立場的其他家屬建立連結
- 參加研討會或講座，聽取克服飲食失調的人的經驗分享

遇到困難時的諮詢窗口

- 醫院、診所的精神科或身心科
- 家庭醫師
- 自我幫助團體（可透過日本飲食失調網路EDNJ: Eating Disorders Network of Japan 尋找當地團體）
- 家屬互助團體（可透過日本飲食失調網路尋找）
- 各都道府縣的精神保健福祉中心

・學校的保健老師、輔導老師

此外，「NHK Heart Net 福祉情報綜合網站」關於「飲食失調」的文章整理得非常清楚易懂，我強烈建議大家去搜尋並閱讀相關資訊。

12 強加美的標準於眾人之上的媒體之罪

我們自己也暴露在間接的外貌主義的影響之下。

根據NHK放送文化研究所的調查，上電視節目的人的性別比例，女性是男性的三分之二，而女性以二十多歲的比例最高，男性則以四十多歲的比例最高。由此可見，日本電視呈現的是「年輕女性和中高齡層的男性」的架構。光是看電視，我們就在不知不覺中學習到「女性還是年輕美麗比較好」的價值觀。

電車和社群媒體上充斥著煽動容貌焦慮的廣告，拍大頭貼或使用修圖App時，眼睛會自動被放大。而且，一旦從電視或IG上看到的人學習到「這種臉孔才好看」，就會覺得好像只有自己不符合標準，進而感到被孤立。明明走在街上就能看到各種不同的人，但花在看電視和智慧型手機上的影像的時間越長，就容易覺得「我的長相是不是不好看？」

吉野 在斐濟島，曾有一段時間患有飲食失調的女性急遽增加。研究人員調查後發現，原因是一九九五年該島引進了電視。三年後，患有飲食失調的青少年人數開始增加。

當時，島上播放的電視節目是歐美電視劇，主角都是些身材苗條的女性。在此之前，斐濟的美女標準是身材豐腴、肉肉的女生，但自從引進電視後，價值觀便開始西化。即使沒有看電視的人，也因為周遭的人都認為「瘦才是美」，而受到影響。媒體的影響力之大可見一斑。雖然並非所有觀看的人都會罹患飲食失調，但媒體做為觸發因素，影響力非常大。

回到日本，社會似乎也充斥著「一胖就沒有自信」的氛圍。我青春期時，電視上正好流行健康節目，每週都有節目在驗證各種減肥法，像是納豆減肥、黑醋減肥等等。因為天天都看這些節目，所以當時的我認為，無論用什麼方法，只要能瘦下來，都是一件非常棒的事。

還有，兒童雜誌的模特兒，也幾乎都是瘦瘦的女孩。青少年雜誌裡刊登了女性模特兒的體

重、腰圍等尺寸，近年仍可以看到各種減肥特輯和維持身材特輯的企劃。

我也聽說過有因為看了這些內容而開始減肥，結果卻罹患了飲食失調的例子。當我問她：「為什麼會這麼想減肥？」她回答：「因為在雜誌上看到模特兒的三圍，所以想在暑假減肥，如此在暑假結束後就能展現出不一樣的自己（想要在下學期大變身）。」據說她最終體重減輕到甚至必須坐輪椅的程度。

犬山 在我們家，當電視上出現關於外貌的嘲弄時，我就會試著問孩子：「你覺得剛才那一段話怎麼樣？被說的人會有什麼感覺？你覺得可以笑嗎？」

此外，我會和女兒分享在社群媒體上看到各種人種、體型、年齡的女性開心生活的影片，然後跟她說：「她們看起來很開心呢」、「媽媽覺得這個人很棒喔」，透過這樣的方式，打下建立多元審美觀的基礎。

13 家長自己要擺脫根深蒂固的外貌主義

到目前為止，我們都在思考與孩子相關的外貌主義。但是，我們大人呢？我們希望「孩子不要因為外貌主義而受傷，希望孩子擁有即使受傷也能重新站起來的復原力」，但抱持這種希望的我們自己，卻仍在與外貌主義搏鬥。在與孩子相處時，難道不需要正視「存在自己內心當中的外貌主義」嗎？

即使是現在，我也會用遮瑕膏遮蓋斑點和黑眼圈，用腮紅增添好氣色，也會染髮遮蓋白髮。口中說著「外貌主義不好」，內心卻有著這樣的矛盾。我這個樣子被女兒看在眼裡，她會怎麼想？看到我這樣，會不會讓她覺得女生就必須化妝，不能有白髮呢？

長田 我不認為那是一種矛盾。將自己的外貌打造成自己喜歡的樣子，是件開心的事。自己打扮自己，讓自己更接近喜歡的樣貌類型，我不認為這樣就會直接與外貌主義掛鉤。

孩子受到社會上普遍存在的外貌主義影響，在某種程度上是無法避免的事，父母不必一肩擔下所有責任。在社會潮流，以及有時在「應該呈現這種樣貌」的壓力之下與自己對話，嘗試不同可能，調整到讓自己感到舒適的樣子，這是很珍貴的過程。不必因為把時間花在這上面而感到罪惡。

但是，如果無論怎麼做都覺得自己很醜，那我希望妳能向心理專家傾訴。如果因為看到美麗的事物而感到自己與之落差很大而沮喪，那是因為社會強加的審美壓力太強大，這是社會問題，而不是個人問題。當然，強迫每個人接受「一定要化妝才行」、「素顏就是儀容不整」這些觀念是很有問題的。而且，我非常反對社會只強迫女性接受這些美容和儀容的要求。

對於老化，我感覺社會太缺乏一種能將年長女性的姿態視為理所當然、美好的感受力。在媒體這方面，我認為與其打光隱去皺紋，呈現「凍齡」、「奇蹟的〇〇歲」，不如多呈現女性自然老去的真實樣貌。希望社會能不以老化為恥、不貶低老化、甚至能發現人人都會經歷的自然老化之美。

話雖如此，我也不認為使用除皺霜或染白髮，就是一個人否定自己老化的年齡歧視表現。

就像替古董家具打蠟、擦拭銀器一樣，細心呵護年齡漸長的自己，或許反而能培養出一種溫柔的目光，讓我們注意到唯有歷經歲月才能展現的魅力。

就我個人而言，我認為我有義務在孩子面前展現我坦然自然老去的樣子。我的原則是希望盡可能地讓孩子看到我自然老去的樣子。

犬山 我也想把現在真實的樣子記錄在IG上，所以我創建了一個名為「不閃閃發光的真實犬山紙子[22]」的帳號。這個帳號上的我沒有使用濾鏡，直接展現出斑點、白髮和表情。有素顏，也有晚上脫妝的樣子。

在那裡，我得到了非常多「讚」——「啊，原來我不用覺得『我必須要想盡辦法看起來很美』啊」，這讓我感到輕鬆許多。只是，因為我也喜歡打扮和化妝，所以也會在「犬山紙子」的帳號上分享相關內容，但這兩個不同的自己在社群媒體上同時存在的事實，著實讓我鬆了一口氣。我可以化妝，也可以不化妝。我現在正在卸下一個個自己強加在自己身上的枷鎖，試著和自己和解。我不再覺得向孩子展現這樣的自己是件罪惡的事。

外貌主義仍深植於社會，也存在於我的內心之中。但是，對社會結構中的外貌主義說「不」，一邊糾結於自己的外貌，一邊嘗試接受自己，並在孩子面前坦率地表達自己覺得各種不同的人都很美麗的想法，或許這對我來說，就是最自然的狀態。

22 日文原名為「キラキラしてないリアルなほうの犬山紙子」。

第4章

透過性教育，
希望她懂得珍惜自己，
也尊重他人

學生時代搭電車上學時曾遭到色狼騷擾
不管怎麼看都只是個孩子
明明已換了車廂……
動彈不得
還有朋友哭著上學
還有數據顯示日本年輕人當中每十人就有一人遭受過色狼的性騷擾（其中大多數人曾遇過不只一次）
性暴力的受害者大多數選擇忍氣吞聲
我當時也無法對任何人傾訴，現今仍為此所苦
我絕對不希望自己的孩子也經歷這種事
若當時有好好接受性教育，或許我就能找其他人諮詢了
算了，我已經放棄自己了，隨便啦
十八歲的犬山
或許我就能更加珍惜自己的心靈和身體了
那麼我該如何對孩子進行性教育呢？
幾歲時該教什麼？該講到哪裡？
我該如何告訴孩子「同意」這個觀念？
與生理期共處的方式
該怎麼選擇婦產科？
如何才能減少性犯罪？
該怎麼做，才能讓自己和對方珍惜彼此的心靈和身體？

「真希望小時候能好好接受性教育。」這是我自己的切身之痛。

我從國中一年級開始搭電車上下學，然後免不了的就遇到了色狼。國一的學生真的「只是個孩子」。在那之前，我一直被父母和周遭的大人當成孩童保護著，但從那時起，我被硬生生地拖出那個安全的環境，被迫成為性的對象和被支配的對象。

我常想，如果那時候就知道：「我的身體是應該被尊重的，未經同意不應被觸碰。如果發生這樣的事，應該和父母或值得信賴的大人商量。受害者沒有任何錯。雖然令人難過，但無論男女，孩童遭受性侵害是很常見的事情。」那該有多好。

現在我成了母親，真的很害怕孩子經歷同樣的感受。一想到孩子未來可能會搭電車上下學，我就感到害怕得不得了。但若因此剝奪孩子的自由，也說不過去。

我無法永遠守在孩子身邊保護他們，但無論如何都想保護他們免於性暴力。萬一不幸發生了，也想給予孩子適當的照護。我希望孩子們知道，他們的心靈和身體都是寶貴的，別人的心靈和身體也同樣寶貴，希望他們理解到保護彼此尊嚴的重要性。

為此，我們該如何開始性教育，又該如何教導孩子們呢？

1 如何開始性教育

大家有聽過性教育的「十歲之牆」嗎？

據說，從小學五年級左右開始，認為性是「色情、羞恥、不應談論的事」的孩子會越來越多。

提到性教育，對家長這一代來說，腦中浮現的往往是「在學校課堂上被動地學習幾次」的模式。因此，我們很容易想像成「好了，我們要開始性教育囉！」然後一次性地全部傳授完畢就結束了。但我很懷疑，這樣真的能好好地傳達給孩子嗎？

那麼，我們該如何開始並進行性教育呢？

SHELLY **性教育不是一堂課或一次談話就能完成的，它是一個持續不斷的對話。**重要的是，家長必須經常性地面對孩子當下的疑問。

孩子問到關於性的問題時，家長可能會感到困擾和慌亂，但這反而是一個難得的機會。大多數情況下，漸漸地，孩子們就不會再問父母這些問題了，所以孩子願意問，其實是天大的好機會！

如果在這種時候，家長用「我現在很忙」、「去問你爸爸」之類的藉口敷衍過去，孩子就會學到「媽媽不喜歡談論這種事」。**當孩子對這些話題感到好奇時，絕對不要嘲笑也絕對不要戲弄孩子**。請家長務必要認真面對。

如果因為突然被問到而感到不知所措時，可以暫停一下，跟孩子說：「對不起，我現在不知道答案，我會去查一下。查到了我們再聊。」最重要的是，之後一定要再回到這個話題。如果因為孩子不再問了就置之不理，孩子會覺得「啊，那果然是個不能談論的話題」。所以，主動開口問「我們現在可以聊聊上次提到的話題嗎？」是很重要的。

隨著年齡增長，孩子會越來越不依賴家長。孩子自己從網路、朋友、學長姐那裡獲得的資訊，不一定都是正確的。因此，為了確切地傳達正確資訊，家長平時就應該展現出「可以談論性話題」的態度。

此外，**建立「斜向關係」也很重要**。也就是和比孩子年長一些、值得信賴的人，例如兄弟姐妹、堂表親、鄰居的哥哥姐姐等，建立好關係，並告訴他們：「或許我家孩子會找你商量，那時候就麻煩你了。有什麼問題記得也要來找我喔。」為孩子鋪好一條路，讓孩子知道「如果跟媽媽說不出口，也可以找某某人商量喔」，讓他們更容易求助。

犬山 建立「斜向關係」的重要性經常被提及，這一點不僅限於性教育，對各方面孩子會遇到的困擾來說都很必要。我自己以前若有一些不想跟家長說的戀愛或性方面的煩惱，也都是跟大我兩歲的姐姐商量的。為了不讓孩子在煩惱性相關問題時處於孤立無援的境地，我希望現在就能著手做好準備。

2 具體該怎麼教？

上一節中談到了進行性教育的心理準備，那麼具體來說，大概從幾歲開始教比較好呢？

SHELLY 我認為在兩、三歲的時候，就應該讓孩子認識到私密部位（泳衣遮住的部分和嘴巴）的概念。**洗澡時可以進行機會教育，可以帶孩子認識「這裡和耳朵、手肘不一樣喔。私密**

部位是特別的地方。」並告訴他們：「不可以給別人看或讓別人摸，也不可以去摸別人的私密部位或要求別人給自己看這些部位。」

雖然很令人哀傷，但有戀童癖的性犯罪者的確特別喜歡有孩子的地方，故當中有些人會成為托兒所老師、教練或教師。因此，也要告訴孩子，如果有人觸碰他們的私密部位，就算是老師，也可以向對方說「不」。

我還會問孩子：「誰可以碰你的身體？」孩子會回答「醫生」之類的，但我會告訴他們：「即使是醫生，也必須在媽媽在場的情況下才能碰，而且必須有正當理由。」因為也不能排除有人假冒醫生的危險性。

至於什麼年齡可以教到什麼程度的準則，由聯合國世界衛生組織（WHO）、聯合國教科文組織（UNESCO）、聯合國兒童基金會（UNICEF）等共同發表的《國際性教育技術指導綱要》（International Technical Guidance on Sexuality Education: An Evidence-informed Approach）裡寫得很清楚，參考這份綱要也是個不錯的選擇。

我自己也是在讀了這份綱要之後，由於我的老大已經到了可以學習性行為的年齡，所以我就用了由婦產科醫師高橋幸子老師監修的《性的繪本》來教導孩子。雖然具體描繪性行為的內容讓我有點嚇到，但反過來想，不要覺得這是件很羞恥的事，採取「這是很正常的事」的態度來教導會比較好。

犬山 在性教育中，最令人困惑，最讓人想問「這個年齡教這些合適嗎？」的內容，大概就是性交和避孕的方法了。我們家長這一代，應該很少人是從父母那裡學到這些資訊的。

而且，我認為我們這一代對性行為的印象，比起「該學習的內容」，「色情的事」這個印象更根深蒂固。總之，我自己是在「因為性是色情的，所以不能對性抱有興趣，光是說出口就很下流」這樣的價值觀下長大的。所以，我覺得我們家長這一代心理上相當抗拒去談論性。

然而，性行為與性病、懷孕，以及自尊心都息息相關，如果一無所知地憑藉錯誤知識就去進行了性行為，風險實在太大。身為家長，絕不能因為自己感到「羞恥」而什麼都不教，導致孩子受到傷害。

3 性教育的適齡與內容

許多人可能會擔心，教導這些內容會不會反而促使孩子「早熟」？然而，無論家長教不教，對性產生好奇的孩子就是會好奇，這是很自然的。

各國研究結果顯示，性教育並沒有讓性行為的年齡提早，反而會延後發生時間，讓孩子行事更謹慎。……想一想也很合理，了解風險後，人自然會變得謹慎。

我參考了聯合國教科文組織的《國際性教育技術指導綱要》，特別整理出了關於性和生育方面，適合不同年齡層的教導內容如下：

5～8歲

◆ 解釋寶寶從哪裡來

- 卵子和精子結合，在子宮著床後開始懷孕
- 每個孩子都應該是受期待出生的、值得被照顧、被愛。

- 並非所有伴侶都會有孩子

9～12歲

◆ 解釋懷孕的特徵和避孕方法
- 教導孩子在出現懷孕徵兆時，可以諮詢的家長、監護人或值得信賴的成年人。
- 解釋正確使用保險套的步驟，以減少意外懷孕的風險
- 避孕是男女雙方的責任

12～15歲

◆ 解釋避孕方法的種類和效果，以及生產的風險
- 不同的避孕方法，其成功率、效果、優點和副作用各不相同
- 保險套和其他避孕用品在當地一般可在何處取得，以及年輕人取得這些物品時可能遇到的障礙或限制
- 過早生育或生育間隔過短，都存在健康風險

15～18歲

◆ 培養使用避孕用品的信心，並解釋墮胎的風險

- 認識到正確使用避孕用品的重要性，包括保險套和緊急事後避孕藥
- 討論並培養使用各種避孕方法的信心
- 不安全的墮胎會給女性帶來嚴重的健康風險

這份綱要總共有八個核心概念：

1. 關係
2. 價值觀、權利、文化、性（sexuality）
3. 對性別（gender）的理解
4. 暴力與確保安全
5. 促進健康與幸福的技能
6. 人體與發展

7. 性（sexuality）與性行為
8. 性與生育健康

性教育不只和性有關，它更包含了從自己和身邊的人的生命與身體都是無可取代的寶貴存在的概念，到SOGI（請參考第六章的〈性傾向並非只有絕對的兩極〉）、友情、喜歡的種類、同意、人際關係的建立方式、外貌主義、家暴和性暴力、各種家庭形式等不同廣泛面向，人們可以透過性教育學習到各式各樣人生中的寶貴知識。

然而，無論性教育做得多麼完善，即使傳授了避孕方法，孩子也不一定能完美地應對所有情況，他們肯定也會犯錯。在這種時候，我們不該生氣地指責「我不是教過你了嗎！」，而是應該在平時就建立起容易讓孩子傾訴失敗的關係，並告訴他們「謝謝你願意告訴我」，以及「如果遇到任何困難或犯了錯，一定要告訴我，因為我想站在你這邊幫助你」。

最害怕的是，孩子會責怪自己「媽媽教了我那麼多，我卻沒能照著做」，在真正苦惱的時候不和家長商量。即使無法向家長傾訴，我們也希望孩子能向「斜向關係」中，身邊那些值得信賴的大人諮詢，而不是教了一次之後就結束了這個話題。

4 同意的重要性：說「不」不等於「討厭你」

我們是否覺得自己的「不」有力量呢？

為了讓孩子學到「重視同意的概念，也要讓對方取得自己的同意」，就必須要讓孩子體會到自己的「不」有力量，並且尊重對方的「不」。

SHELLY 為了教導女兒們「你的『不』是有力量的」，我絕對不會讓她們說兩次「不要」，而且我也教她們「人家說一次『不要』就要立刻停下來」。

舉例來說，跟小孩子玩時，有時會搔癢對吧？**即使只是這樣跟孩子嬉鬧，如果孩子說了「不要」，我也絕對會立刻停下來**。如果孩子覺得「我說了『不要』，大人卻不住手」，他們就會認為自己的「不」沒有力量。

家長尊重孩子的「不要」，最終可養成孩子日後說「不」時的自信。

我們現在正在孩子心中種下一個種子，讓他們將來能察覺到：「連我父母抱我的時候都會徵求同意，這個人是怎麼回事？」

我年輕的時候不太敢對男生說「不」，因為覺得「如果在這裡說不，對方會以為我討厭他」。所以我想培育出女兒們的溝通能力——告訴她們，「不」不等於「討厭」。**我希望透過賦予孩子用言語表達「我真的很喜歡你，但現在我不想做這件事」的溝通能力來保護孩子。**

接下來，我們來聽聽婦產科專科醫師稻葉可奈子怎麼說：

稻葉 從小時候起，不僅是在性方面，即使是和朋友玩耍時，我也想教導孩子不要因為「我邀請別人玩，但那個人拒絕了我」，所以就覺得「那個人一定討厭我」。我認為最重要的是，要讓孩子知道每個人都有想做這件事和不想做這件事的時候，有想玩和不想玩這個遊戲的時候。

回到最基本的層面，我認為目前在日本，性行為前必須先確實取得同意這項最大的前提，尚未得到普及。

關於性同意，我也很推薦大家去看一個用泡茶來比喻，非常淺顯易懂的影片「Tea Consent」。

- 就算你泡了茶，但要不要喝由對方決定。
- 即使對方一開始說要喝，中途也可以改變主意，如果中途對方說「不」，你就必須尊重對方的意願。
- 在對方沒有意識的時候不能泡茶，即使一開始對方表示要喝，如果中途失去意識，當然也不能強迫對方喝。

影片中傳達的就是這些內容。重要的是，教導孩子不要強迫不願意的人，並清楚表達自己的意願。

御手洗 孩子們比我們大人想像的更仔細地觀察著大人之間的關係。例如，在雙親家庭中，如果其中一方強烈地責罵另一方，或表現出輕蔑的態度，孩子就會直接接收這種權力不平衡的觀念。然後，他們有時會將這種不平衡的關係套用在自己身上。這就成為了他們「我可以強烈指責我的伴侶」或「即使伴侶說了重話，我也必須忍耐」的觀念來源。

孩子們對溝通中的每一個細節都非常敏感，所以我認為**家長平時展現出能夠對不合理的事情說「不」，並且，他們的「不」會受到尊重的樣子，是非常重要的**。如果這真的很難做到，那麼當和孩子獨處時，告訴孩子「其實說『不』是應該被尊重的」、「你可以說『不』喔」，我想這也是一種方法。

人們常認為性同意只適用於性行為，但事實上，它與日常生活是緊密相連的。例如，和朋友去吃午餐時，即使「其實不想吃義大利麵，但因為對方想吃，所以就想說配合對方」，這些事件一旦累積久了，會讓孩子越來越難說「不」。

性教育不只是教導和性行為相關的知識，也包括平時就教導孩子他們的喜好、厭惡應該被尊重，以及營造一個容易說「不」的環境。

所以，例如當孩子有了交往對象並向你傾訴時，告訴他們「就算是面對交往對象，不喜歡的事情也可以說『不』」、「如果對交往對象感到任何不對勁的地方，或有難以啟齒的事情，隨時都可以來跟我商量喔」。這樣的互動，也是性教育的一部分。

犬山　我覺得，家長在學習的同時，一邊對孩子展現出這種態度，是相當重要的。首先，伴侶之間要能夠互相說「不」，並且即使被說「不」也不會不高興，展現出互相尊重的樣子。

告訴孩子：「說『不』不代表我討厭你」、「你可以說『不』。我不會因為你說『不』就不高興，我會尊重你的意見，也不會因為你說『不』就討厭你。」

家長可以做的事情非常之多。

5 面對孩子遭遇性暴力時的應對方式

如果孩子不幸遭受性暴力時該怎麼辦？無論是女孩還是男孩，都可能成為受害者。即使再怎麼小心翼翼，光靠父母的力量也無法完全保護孩子，這種事在任何人身上都有可能發生。

二〇二三年，一名前大阪狹山市市議員因在自己主辦的小學生營隊中對女童強制猥褻而被捕。學校甚至發過這個營隊的傳單，是官方認可的營隊，加上當時的市議員身份，家長們便很信任這個營隊，把孩子送去參加。

像這樣的兒童性侵害案件每天都會在新聞報導上出現，身為家長，想必會感到非常害怕。我們無法輕易斷定性侵害不會發生在自己孩子身上，因為我自己就曾經歷過。我深刻體會到，性侵害事件就在我們身邊。

SHELLY **我認為最重要的是，為了以防萬一，要在事情發生前就告訴孩子，一切都是加害者的錯，不是你的錯。**

家長必須事先告訴孩子，這件事會發生，並不是因為你的打扮，也不是因為你做了什麼行為。絕對不要讓孩子自責，出現「如果我當時這樣做，也許就不會受害了」的念頭。

然後，當孩子向你述說性暴力的經歷時，**即使那是令人難以置信、讓你覺得「怎麼可能」的事情，也一定要相信孩子。**據說孩子幾乎不會對性侵害的事說謊。所以，當孩子願意說出來時，一定要好好地稱讚孩子：「謝謝你願意告訴我。你做得很好。我知道這需要很大的勇氣。」

犬山 我平時當孩子感到痛苦或難過時，我們不應該對孩子說教：「我不是告訴過你了嗎」，而是要陪伴他們，跟他們說：「很痛吧」、「我是你的後盾」，用這樣的溝通方式，傳達「我不會責怪你」的訊息。

而且，萬一孩子遭到了性暴力，不要試圖光靠家長的力量去解決，請務必要尋求專業人士的協助。同時，我們也應該意識到「家長也會受傷，也需要照顧」這一點。

以下為日本內閣府男女共同參畫局網站裡「兒童性暴力」的頁面所記載的內容。

應對受害兒童的方法

- 請不要懷疑或否定孩子的說法，例如「真的嗎？」、「怎麼可能發生這種事」，請配合孩子的步調傾聽他們的說法。
- 請不要強迫孩子說出他們不想說的事情。如果孩子在說話途中感到不適或疲倦，請告訴他們可以休息。
- 請告訴孩子「謝謝你告訴我」、「你沒有錯」。
- 請注意過度詢問孩子可能會影響他們的記憶（所謂的「記憶污染」），請盡早向警察、兒童諮詢中心、一站式服務中心等專業機構或專家諮詢。
- 請確保孩子的安全，並在徵得孩子同意後，確認身體是否有傷口等。
- 如果是剛受害，請立即就醫。（可能需要處理傷口、檢查有無感染、採集證據等。）
- 大人也會受傷，也可能出現身體不適的情形。請關心您自己的身心健康，不要勉強自己。

遭受性侵害時兒童可能表現出的跡象

對於無法將自己的經驗說出口的孩子，創傷反應可能會以身心不適或問題行為的形式出現。特別是針對問題行為，理解其背後的創傷非常重要。

- 頻尿、夜尿
- 身體不適（頭痛、腹痛、噁心、倦怠感等）
- 失眠（熬夜、做惡夢、無法獨自入睡等）
- 沮喪、沒精神、無精打采
- 專注力不足、學業表現不佳
- 食慾不振、暴食
- 拒絕上學
- 生殖器官的疼痛、搔癢症狀
- 自殘行為、割腕
- 過動或行為粗暴

- 不良行為（飲酒、吸菸、離家出走等）
- 與人距離過近、與不特定多數人重複不安全的性行為

身邊的成年人可以做的事

- 請從小就告訴孩子以下幾點：
  - 泳衣遮住的部分（私密部位）不能給人看、不能讓人觸摸。
  - 當感覺可能會被不舒服的方式觸摸時，可以說「我不喜歡」、「住手」。
  - 自己的存在很寶貴，而且自己的安全應當受到保障。同時對方的存在也和自己一樣寶貴，對方的安全也應受到保障。
- 為了建立能察覺孩子異狀或求救訊號的關係和環境，平時請在家中保持良好溝通，多傾聽孩子的心聲。
- 即使孩子不想讓家長知道，也要告訴他們其他能向可靠的大人諮詢的地方，例如一站式服務中心。

6 自衛與憤怒，我們有生氣的權利

據說，色狼通常會選擇那些看起來不會反抗、不會大聲呼救的孩子。家庭暴力綜合中心分析性侵害受害女性的特徵後發現，最常見的是「不會說出自己受害」、「沒有勇氣報警、看起來溫馴的人」。此外，也有數據顯示，穿制服比穿便服更容易受害。

我真的對這樣的社會感到非常憤怒，也覺得非常不甘心。為什麼是受害者這一方必須採取自我防衛行為？

SHELLY 我認為應該把這種憤怒傳達給孩子。「媽媽也真的很生氣。為什麼女孩子們必須自我防衛，這真的很奇怪。」我認為讓孩子看到家長也是人，也有憤怒的情緒是好事。特別是女孩子，往往被教育要壓抑憤怒的情感。

我們要讓孩子看到，世上有很多非常不合理的事情正在發生，我們因為想改變這個狀況而感到憤怒。然後告訴孩子：你有權利生氣，你擁有改變的力量。這也關係到孩子的自尊心。

以前，我曾經接到一份工作委託，對方希望我在一個大型時尚活動上進行宣導：「現在性犯罪激增，希望請到SHELLY老師這樣的性教育專家，在這種有大量女孩子聚集的場合宣導一些避免性侵害的注意事項。」我二話不說立刻就拒絕了這個工作。

在十幾二十歲的女孩們興奮地穿著可愛的時尚服裝，心情雀躍不已的場合，你要我跟她們說「你們有被強姦的危險，所以要自己小心喔」？那換個角度想，他們會在足球場上進行「請取得對方同意。和喝醉的人發生性關係就是強姦」這樣的教育嗎？會在大家唱著應援歌的時候做這種宣導嗎？不可能對吧。

只因為那個場合聚集了許多女孩子，就要求在那裡進行宣導，這種想法簡直太糟糕了。

關於自我防衛的話題，應該由愛你的人在家庭內部進行，必須在孩子感受到自己是被愛的時候才去談論這個話題。反過來說，我認為社會應該教導的是：「犯罪就是犯罪，這種事情絕不能做。」如果這一點不改變，就會形成一種尋找被害人過失的氛圍，比如「你當時穿的衣服是？幾點了？你當時是一個人走在路上嗎？」

犬山 原來被自己所愛的人在充滿愛的氛圍下教導的內容，和社會上只會呼籲「自我防衛」所包含的訊息，兩者之間的差異竟然如此之大。

此外，即使需要進行防範宣導時，我認為最基本的是應該要先強調「不可以施加性暴力，性暴力的受害者沒有任何錯」的觀念。本來，社會就應該優先思考如何消除性暴力才對。

7 青少女真實的性煩惱

SHELLY會收到來自青少女和她們家長的煩惱。可以分享一下大部分都是什麼樣內容嗎？

SHELLY 青少女們的煩惱非常兩極化，通常可以很清楚地分為兩大類：**「男朋友完全不願意避孕」、「遭到家暴」這類的問題；以及「對性行為感到非常害怕」、「不知道該如何開始」、「我根本就不想發生性行為，這樣是不是就不能談戀愛了」這類的問題。**

其實，這世上也存在著對他人沒有什麼性慾的人，甚至也有完全沒有性慾的無性戀者；即使不是這種情況，可能也只是單純還沒做好心理準備而已。

我會告訴她們：戀愛不等於性行為。所以，情侶不一定非得發生性行為，就算是夫妻，也不代表不能拒絕性行為。

家長們的煩惱，絕大多數都是不知道該如何教導孩子。

而且，由於性教育是人權教育，所以我認為不僅女孩，男孩也有必要接受性教育。不管男孩將來會不會和女孩談戀愛，即使他們不會跟女孩談戀愛，身邊也總會有許多女性。他們不可能脫離女性而生活。

過去，我們不知為何總是保護著男孩，連生理用品也要藏起來，但事實上，這也害了我們自己。如果將來聽到什麼都不懂的丈夫說：「咦？月經是什麼？會持續好幾天嗎？」、「又不是生病！」肯定會很想生氣，但當年沒有給他學習的機會，也拿他沒辦法。

如果是「男朋友不願戴保險套，我該怎麼辦？」這樣的煩惱，那很可能是他根本不理解為什麼要戴保險套。所以，首先情侶之間要先聊聊這個話題。告訴他：「如果你真的在乎我，就應該好好避孕。」

犬山　SHELLY這裡所提到一個觀念，那就是身為男孩家長才更應該教育兒子們。

當孩子有了重要的對象時，為了不傷害對方，接受性教育是必要的。並非只有女孩為了保護自己才需要學習，雙方都要學習，才能互相保護彼此。

8 如何挑選好的婦產科

當女性遇到生理期的問題或婦科疾病時，如果能有位固定看診醫生會讓人很安心。

然而，連許多成年女性都沒有固定的婦產科醫生了，該如何尋找並向孩子介紹一位「值得信賴的醫生」呢？

稻葉 **選擇婦產科醫生時，我建議可以聽認識的人的介紹，或者如果家長有長期看診信任的醫生，可以直接帶孩子去看那位醫生。**然而，如果沒有這些透過人際關係獲得的資訊，可以先找一家方便看診的醫院。

現在很多醫院網站都會放上醫生的照片，如果覺得這位醫生似乎不錯，可以去試看看。但人與人之間總是有合不合的問題，所以如果看診時覺得自己有點受傷，或感覺不適，我建議換一家醫院看看。因為對病人來說，最糟糕的就是第一次去的地方不合適就中止就醫，然後明明身體不舒服卻忍著不去就醫。所以，我會告訴大家一定要找到適合自己的醫生。

即使診斷是正確的，但因著傳達方式不同，患者的感受也會有所不同。例如，假設發現了子宮肌瘤，有些醫生會說：「摘除子宮是其中一種選擇，但也有其他治療方法。」而有些醫生則會直接說：「你就把子宮摘掉了吧，這樣會輕鬆很多！」即使是女醫生，也會有這種情況。所以，很可惜，並非只要是女醫生就百分之百合適。不過，患者的個性也各不相同，確實也有人喜歡醫生直截了當地說，所以還是有合不合的問題。

我整理了一份尊重SRHR（性與生殖健康及權利）的醫生名單，或許能成為大家的參考。**大家可以搜尋「みんリプ」**（https://minripsrhr.studio.site/），**就能看到全國各地贊同此理念的婦產科醫生一覽**。不過，這只是我、宋美玄老師等人自發性做成的網站，所以有些不常使用社群媒體的醫生可能沒有被收錄進去。

網站和Google的評論可以隨意撰寫，所以關於醫生人品的部分，還是有無法確實判斷的地方。但是，最好還是避免去異常積極地推薦自費診療的醫院。如果不是自己希望做自費診療，而是明明只是很正常地因症狀去就醫，卻被收取不明的高額治療費，那這家醫院就很可疑。

犬山 即使處方和診斷內容相同，也會有合不合的問題這點，我個人感受很深。我遇到過不聽我把話說完，或者對我生氣的醫生，這時我就會換醫院。

反之，如果醫生願意和我一起努力改善症狀，陪我一起走這段路，那麼我去醫院的心情，以及遵守醫生指示的心情就會完全不同。

9 地方婦產科難尋的問題

都市裡的選擇很多，但鄉下地方呢？

我青春期在鄉下度過，很討厭被別人知道或被傳開我去了婦產科，所以總是偷偷跑到離家很遠的婦產科。現今的孩子和家長該怎麼辦呢？

稻葉 我剛才說的「如果不合適，可以換別的醫院看看」，這話只適用於都市。有些地區甚至連一家婦產科都沒有。這種情況下，雖然很心痛，但我會告訴他們，如果去縣政府所在地，選擇會多一些。

對於住在缺乏醫療資源地區的國高中生來說，自己一個人跑到市區或縣政府所在地的門檻確實很高。但是，我想家長應該可以為了女兒跑遠一點找到一家好的婦產科。如果不是不孕症治療，其實也不需要頻繁就診。就當作是幾個月一次，偶爾到市區走走的感覺就好。

為了弭平各地區婦產科就醫的門檻，以及讓國中小學生都能輕鬆前往就醫，我在二〇二四年七月開了一家直通澀谷車站的女性診所，診所也導入了線上看診。即使是位於醫療資源不便地區的人，也能先進行諮詢，如果確實需要檢查，則會轉介到當地醫院。

犬山 如果孩子第一次看診就遇到不好的婦產科，然後不情願地持續就診，可能會累積對醫療的不信任感，甚至變得討厭看醫生，這樣真的會很令人擔憂。因此，我也打算要努力為孩子選擇值得信賴的婦產科。

10 更新對生理期的理解與態度

五年前，我裝了蜜蕊娜（Mirena，一種避孕環，能向子宮內釋放合成黃體素）。從那之後，我的經痛和經血都消失了，身體輕盈得讓我感動不已，心想：「我之前居然能一直扛著這些負面影響同時工作和育兒……真希望能早點知道！」

未成年時，周遭的人都忍著經痛，我甚至以為「忍耐經痛是理所當然的」。

稻葉 我感覺仍然有很多人在忍耐女性特有的症狀，例如生理期和更年期（雖然據說男性也有更年期，但女性較常見）。來看診的人可以得到治療，但那些認為「忍耐是理所當然的」人，我就幫不到她們了。有些三、四十歲的患者會說：「從來沒人告訴我，經痛治療後可以變得這麼輕鬆。真希望二十年前就知道這件事。」

一旦孩子看到家人都在忍耐，就可能學到「生理期就是這樣」的觀念。這種潛移默化非常可怕，而且在日本已經代代延續了很久。我希望從我們這代開始，徹底切斷這個惡性循環。

我也曾在社群媒體上看到一些人說，她們因為生理痛第一次去看婦產科，卻遇到了不合的醫師，之後就放棄看診，持續忍耐著經痛。醫生和患者之間存在著合不合適的問題，不同患者可能適用的治療方法也不同。例如，現在低劑量避孕藥很普遍，但並非所有人都能透過低劑量避孕藥來改善經痛。除了低劑量避孕藥，還有其他治療方法，究竟哪種方法有效會因人而異。

荷爾蒙藥物中，除了低劑量避孕藥，也可以只使用黃體素。黃體素除了口服藥，也有子宮內置入型。有些藥物不需要每天服用，有些人只要吃中藥就能改善，有些人靠吃止痛藥就可以了。有些人可能需要花一些時間才能找到適合自己的方法。但是，我認為仍然有很多人因為第一次治療不成功就放棄了，或者就算治療了，也尚未完全擺脫經痛的困擾。

女性完全沒有必要承擔任何身體帶來的負面影響。憑藉現代醫學的力量，我們可以彌補這些不足，消除這些障礙。我希望大家知道，這樣的方法確實存在。不過，我感覺現在願意來諮詢生理期問題的十幾歲的年輕人，已經比以前多了。

如果認為不看婦產科，光靠女性科技產品就能改善生理期困擾，那就大錯特錯了。我希望大家知道，不是光用女性科技產品就能治好身體，也不需要非得使用女性科技產品來自救，有些部分，只有透過醫療才能改善，所以請務必先尋求醫療協助。我希望大家知道，尋求醫療協助絕不是違反自然的行為，也不是軟弱的表現。

犬山 如SHELLY所言，譬如說雖然經血量大，也感到疼痛，但因為有使用月經杯就覺得「這樣就好」根本是本末倒置。最理想的情況是，首先尋求醫療協助，然後再為了愛護自己而使用輔助產品。

11 爸爸與女兒的生理期

我能想像，對於只有爸爸的單親家庭來說，可能會煩惱該如何處理女兒的生理期問題。那麼，為了建立爸爸能主動關心女兒，女兒也能輕鬆諮詢的關係，可以怎麼做呢？

稻葉 確實，只有爸爸一個人時可能會有些難以啟齒，但這也不代表只要對媽媽就能輕鬆說出口。這也取決於親子關係。每個家庭狀況不同，所以最理想的情況是，學校能提供所有孩子學習這些知識的機會。

這與全面性性教育息息相關，我認為在學校教導學生「生理期不需忍耐」、「可以去婦產科諮詢」這些知識，是最能確保沒有任何孩子被漏接的方法。

在家裡，不論爸爸媽媽，可以事先告訴孩子：「如果有任何生理期相關的困擾，例如經痛、經血量大、非生理期時的出血、生理期過長、滴滴答答不斷等，即使只有一點點不舒服，也不需要忍耐，我們就去婦產科吧。」最重要的是，讓孩子知道「即使只有一點點不舒服，也不需要忍耐，可以來找自己商量」。

每個人的經痛程度真的不同，媽媽可能完全不痛，但女兒的經痛卻非常嚴重。因此，不要用自己當標準去衡量別人，這一點非常重要。

可以分享自己曾如何緩解不適的經驗，但非醫療介入的方法不一定對所有人都有效。

當然，絕對不能說「媽媽不覺得很辛苦，那你應該也能忍耐吧」，更不可以說「媽媽也忍耐過來了，所以你也要忍耐」。

不只是男性因為不懂而需要學習，現在整個家長世代都需要更新觀念。現在性教育相關書籍越來越多，和孩子一起閱讀或許也是個好方法。這樣不僅能了解現在的孩子是如何學習性知識的，也能從「當年就應該要教我們這些知識了」角度來看待性教育。

犬山 不只是父親，所有的家長都需要針對自己的認知和行為做出大刀闊斧的改變呢。

然而，即使事先再怎麼主動關心，有些孩子還是不願意跟爸爸談論生理期。在這種情況下，我認為建立「斜向關係」並尋求協助，例如依靠學校的導師、女性親戚、女兒朋友的母親等方法，就相形重要。

第5章

✤

想保護孩子
免於社群網路與網路的威脅

在社群網站創了一個虛構的國三女生帳號，並在網路上貼文說：「我想交朋友」之後……
2分鐘之內就有12個人回覆了這個訊息。當中包含男性下半身的影片等內容。
然後，經過2個月，收到將近200人傳來的訊息，內容幾乎都是單方面和性相關的要求。
其中也有人一開始裝成讓孩子可信賴的大人，真正的目的卻是控制孩子的心，以利進行「性誘騙」。
你介意和充滿了不良意圖的色情秘密帳號[24]做朋友嗎？
※摘自NHK的電視節目【今日焦點】
智慧型手機……
我想保護她，不想讓她遇到居心不良的大人
有些網站對小孩很有害
好擔心LINE上的霸凌
萬一智慧型手機成癮怎麼辦
智慧型手機好棒我好想要喔
但智慧型手機已成了生活必需品
我該如何過濾這些內容，並和孩子溝通呢？
幾歲時該給她手機？
該設下什麼樣的使用規定？
等下，不可以看那支影片！
家裡的iPad
偽裝成兒童友善，實則是充滿不當內容的Elsagate[25]

24 裏帳，小帳（分身帳號）的一種，瀏覽權限設為私人帳號的私密帳號。

25 YouTube或YouTube Kids上偽裝成兒童友善的頻道吸引兒童觀賞，但其內容卻包含大量色情或暴力內容的影片。

我自己也一直放不下手機。

明明知道這樣不行，卻還是看到睡著，半夜時手機「咚」地一聲掉到臉上，痛到流淚也是常有的事。

工作郵件、和朋友的LINE、小孩的影片、娛樂消遣，幾乎都裝在手機裡，想必也已經對手機成癮了。

連我這個大人都這樣了，如果把手機交給小孩，又會變成什麼樣子呢？會不會只顧著滑手機而荒廢了其他重要的事？網路上也充滿了許多危險，性暴力的事件也時有所聞，萬一自己的孩子被捲入該怎麼辦……至今我也聽過許多抱持相同擔憂的家長的心聲。

當中還包含了因為自己過去經歷過慘痛的教訓，所以不希望孩子也遭遇同樣經歷的想法。

但即便如此，我也不會選擇不給孩子手機。

因為我認為，智慧型手機早已是生活必需品，對於孩子們這個世代而言，更是避免被孤立的必要工具。就連工作，也漸漸開始以有智慧型手機為前提的規則在運作。

我希望在訂定規範後，將手機交給孩子，但內心卻仍然充滿了不安——這就是我最真實的心情。

1 給孩子手機的標準是「學會遵守規則之後」

我們家也是因為擔心孩子是否會遭遇事故等等，考慮到發生事情時能馬上趕去協助，所以在孩子上小學時購買了GPS定位器。何時該轉換成兒童手機或智慧型手機，也是個令人煩惱的問題。「差不多可以給孩子智慧型手機了」的標準究竟是什麼呢？我們請教了IT線記者鈴木朋子。

鈴木 擁有自己專用智慧型手機的比例，小學生（10歲以上）約佔70.4%，國中生約佔93.0%，高中生約佔99.3%（二〇二三年青少年網際網路使用環境實際狀況調查的統計結果）。

開始使用智慧型手機的年齡，大概落在小學四、五年級。最多的時期是在升國中之前，不過也有學齡前兒童就擁有自己專用智慧型手機的案例。

由於文部科學省[26]推動的「GIGA School構想[27]」，小學開始實施一人一平板的政策，

26 相當於台灣的教育部。27 二〇一九年所提出的政策，GIGA（Global and Innovation Gateway for ALL）School。

因此家長的觀念也開始有些轉變。過去許多家庭都希望能盡量禁止孩子使用電子設備，但現在認為「反正遲早都會用到」，因此考慮提早讓孩子接觸並學習的家庭也增加了。

常見的順序是，一開始為了保護孩子的安全，從在書包裡放入GPS等定位裝置開始。但接下來，到底是該給他們兒童手機，還是直接給智慧型手機呢？不過，智慧型手機是可以連上網路的裝置，所以和兒童手機等還是不同類型的設備。**兒童手機的世界僅限於家人和熟人，但一旦換成智慧型手機，就會突然連上網際網路，連到全世界。**

給孩子智慧型手機的最佳時機，因每個家庭而異。舉例來說，如果家中有年長的兄姊，家長對於智慧型手機的使用已經比較熟悉，因此很明顯地可觀察到有讓年幼的孩子提早擁有手機的趨勢。此外，如果父母因為工作等因素經常不在家，需要祖父母等人協助接送或照顧孩子，那麼使用智慧型手機就能建立LINE群組，方便密切聯繫。有時候，讓孩子擁有智慧型手機反而更能確保他們的安全（註：LINE官方建議，未滿十二歲的兒童應在家長監控下使用）。

此外，也必須根據孩子的性格，才能正確判斷出給予手機的最佳時機。對於非常積極、渴望探索各種不同世界的孩子來說，太早給予智慧型手機或許有點危險。

反過來說，如果親子溝通良好、孩子的個性是遇到事情會一一詢問父母「這個是不是很危險？」的話，反而比較令人安心。所以說這還是要看孩子的個別差異。**與其用年齡來決定，不如等到家長已準備好對孩子的保護、孩子也有一定判斷能力的時期再給，這樣應該比較適當。**

犬山 所以最重要的前提就是親子之間能夠良好溝通這點呢。我也深有所感，建立孩子能安心跟家長商量的關係，不僅對使用智慧型手機來說很重要，在任何情況下都是重要的基礎。我想首先「親子溝通順暢，能夠一起討論規則，並且孩子在一定程度上能夠遵守規則時」，這或許可以做為一個判斷的標準。

2 如何給孩子手機——制定規則需結合實體與數位

將「能否遵守訂下的規則」做為給予智慧型手機的一個標準，這我覺得非常合理。那麼，該如何制定這些規則呢？畢竟令人擔心的事情太多了，很容易因為想把所有事情都列入而感到混亂。

鈴木 在把智慧型手機交給孩子之前，要先告訴他們：「這設備非常昂貴，而且每個月都要持續付費。」是以家長「借」給孩子的方式給孩子用。

就好像公務手機或公司配發的電腦一樣，因為是借來的東西，孩子也會比較珍惜。

如果家長顧慮到孩子的隱私，認為「這支手機是孩子的，所以不能偷看孩子的手機」，這樣一旦發生什麼事，就存在可能無法及時察覺的風險。智慧型手機的螢幕鎖定密碼應該與家長共享，讓家長在想看的時候隨時都能看。家長可以只在覺得有點不對勁的時候才看孩子的手機，這樣我想家長也不會太有罪惡感。

還有，要跟孩子講好：「我可以讓你用，但你要答應我這些事。」我常說「兩道防護」很重要。

第一道是「線下防護」。也就是制定家庭手機使用規則，以及勤於叮嚀。首先，親子一起討論使用智慧型手機時應注意的事項。例如「使用智慧型手機的時間到晚上九點為止」、「用手機和別人講話時，要注意用詞遣字」等規則，並將其寫在紙上。

所謂的叮嚀，是指家長對正在使用手機的孩子表達自己的意見。透過傳達「我覺得那個影片的表達方式不太好」或「如果要查那個，推薦你用這個網站喔」等，透過這些建議，可以培養孩子的IT素養。

雖說家長的立場原則上比較強勢，但手機規則如果沒被遵守就沒有意義了，也可能會引起孩子的反彈。因此，**透過討論讓孩子也覺得「這是自己答應的」，他們就會認為必須好好遵守規則。還有，在制定規則時，必須連同違反規則時該怎麼辦都一起決定好。**例如「禁止玩遊戲一週」之類的處罰。

不過，關於「沒收手機」這種懲罰，希望家長要謹慎運用。對孩子來說，智慧型手機是家長好不容易才買給自己的東西，對他們來說非常重要。**「我要沒收你的手機！」對他們來說是衝擊性最高的一句話，所以這會讓他們想要隱瞞違反規則的行為。**對家長來說，最容易想到的懲罰就是沒收，但在走到這步之前，可以先用限制使用時間，或是要求登出某個服務等不同方向的方式，讓孩子遵守約定。雖然也要視違反了什麼規定而定，但沒收手機有時會導致孩子在他們的社交圈中無法順利生存。

然後，隨著年齡增長，檢視並修改規則也很重要。若孩子都能乖乖遵守規則，可以稍微放寬一點。例如成績進步了，就稍微延長看影片的時間；或是才藝課增加了，就改成「星期三因為要補習到晚上九點，所以其他天手機用到九點，但星期三可以到十點」，像這樣配合實際生活狀況修改規則。雖說規則不能變來變去搖擺不定，但我會推薦家長可以選擇在升上新年級時或是其他時機定期去審視，並確實地將規則以書面形式記錄下來。

另一道是「數位防護」。也就是使用過濾功能（家長監控）。例如，即使約定好只能用到晚上九點，但看YouTube的時候，也不一定能在九點準時結束吧。就算小孩說「再五分鐘就結束了」，如果使用過濾功能，時間一到螢幕就會鎖定。家長不輸入密碼就無法使用。像這樣設定好過濾功能，親子之間就不會產生多餘的摩擦和爭執。

犬山　很多人可能都經歷過，在孩子的幼兒時期，因為跟他們說「差不多該停止看影片囉」而引發爭吵的狀況，而且這還會一而再再而三的發生。果然過濾功能還是很重要的呢。孩子也會覺得，因為到了這個時間就不能用，所以也只好乖乖接受。

還有一個很重要的重點是，未滿十八歲的青少年在申辦或更換智慧型手機、行動電話時，店家有義務去協助設定過濾功能。我認為不只是孩子的手機，家裡面孩子接觸得到的平板電腦也需要設定過濾功能。

到目前為止，我們討論了關於規則的部分，但令人在意的是，具體來說應該制定什麼樣的規則呢？即使各個家庭要制定符合自家情況的規則，還是會希望能有個範本吧。

因此我參考了Softbank、AEON MOBILE的規則，製作了一份智慧型手機規則的範本（請參考下一頁）。建議大家可以此為基礎去修改，增刪符合自家情況的規則，或依年齡調整使用時間等。重要的是，孩子必須能夠認同這份規則，認為「這是自己一起制定出的規則」。

3 孩子很容易洩漏密碼與個人資訊

即使制定了主要規範，讓孩子們使用網路仍然讓人憂心忡忡。我聽到有一位對智慧型手機相當了解的人，他的孩子透過社群媒體，本想助人卻反而被捲入詐騙案件，這讓我更加不安。說到非法打工，過去的印象多半是擔任詐騙車手實際執行犯罪，沒想到現在也有不跟任何人見面，僅僅透過提供資訊就成為共犯的案例。

智慧型手機規則範本

▶ 平日〇〇點以後、假日〇〇點以後不得使用手機

▶ 決定好ID和密碼後，向家長報告

▶ 即使是再怎麼信任的朋友也不能告訴對方密碼

▶ 玩遊戲或使用App需要付費時，要先跟家長商量。
不可擅自儲值

▶ 未完成學校作業和隔天準備之前不得使用手機

▶ 只使用勾選的社群媒體
□LINE　□X（原Twitter）　□ Instagram　□TikTok
□其他（　　　　　）

▶ 使用社群媒體或收發郵件時，會注意用字遣詞和內容

▶ 不將自己或朋友的個人資訊（姓名、住址、電話號碼、學校名稱等）發在社群媒體或網路上。
也不可上傳會洩漏所在位置的照片

▶ 不在社群媒體或網路上寫朋友或名人的壞話

▶ 即使是信任的對象，也不讓對方拍攝會讓自己感到困擾的影片或照片，自己也不可傳送此類檔案給他人

▶ 使用過濾功能（限制有害網站存取權）

▶ 使用手機遇到問題時，會立刻向家長商量

▶ 絕對不「邊走邊滑手機」或「一心多用滑手機」

根據NTT Docomo針對日本全國180名擁有智慧型手機的13至15歲國中男女生所做的調查，有63%的國中生「曾經違反過和父母約好的手機使用規則」。每五人當中就約有一人曾經瞞著父母儲值。回答儲值「一次都沒被父母發現」的比例高達68%。
這讓人感受到，必須以孩子可能會打破規則為前提，和孩子一起決定好「如果打破規則了該怎麼辦」的罰則。

鈴木 之前曾經發生過孩子被利用，成為詐騙車手的事件。壞人對孩子說：「幫我辦個PayPay帳號」，孩子辦好之後，就把密碼告訴了對方。結果就是詐騙集團也能使用那個PayPay帳號。**很多時候，孩子們並不認為密碼有多重要，甚至會和朋友互相告知密碼**。像是跟朋友說，「我的密碼是用我偶像的生日喔」之類的。

同學之間也曾發生過帳號被盜用的事件。即使沒有告知密碼，也有心懷不軌的同學胡亂嘗試輸入寵物名字等資訊，進而盜用帳號的案例。當然，問題不僅僅只發生在同學之間。孩子們在網路上，也可能被心懷不軌的人竊取個人資訊。例如，如果在TikTok上傳在公園跳舞的影片，離家裡或學校附近的公園位置就可能被查出來；如果穿著制服，就能知道是哪間學校。

大家都知道直接寫出住家地址很危險，但其實發文說下了暴雨或下雪了等住家附近發生的事情，同樣也很危險。此外，在X（原Twitter）或IG上有一種**「#春天開始讀某某高中」的主題標籤，目的是讓新生們可互相聯絡加入LINE群組，但心懷不軌的大人也會謊稱「我也是某某高中的」，然後混進去群組裡**，藉此竊取個人資訊。那些人會千方百計地設法接觸年輕人，他們的執著相當驚人。

還有所謂「國中生也能做的副業」的資訊型產品。宣稱販售能賺錢的秘笈，或是販售藝人內幕消息的檔案等等。例如，若目標是偶像的粉絲，他們會使用粉絲之間才懂的表情符號，讓內容更容易被搜尋到。而且，詐騙者也常謊稱自己是國中生，引誘對方一起賺零用錢。一旦聽到「照著這本手冊去做，跟我一樣賣就能賺錢了喔」，戒心就很容易降低。

因此，家長要經常跟孩子們說明「有這樣的詐騙手法」，這點非常重要。對孩子來說，要透過網路付錢是很困難的。因為孩子沒有信用卡，所以會選擇便利商店付款，或是透過Mercari[28]等方式。家長或許比較容易從這些地方察覺到異常的舉動。Mercari因為沒有年齡限制就能使用，所以實際上確實有被用於詐騙的情形。

4 家長必學：社群網路霸凌

家長也一定要學習關於社群媒體霸凌的知識。我這個世代，青春期時還沒有社群媒體，所以即使現在有在使用社群媒體，對於「學生的社群媒體使用狀況」仍是一片懵懂。特別是女孩子容易遇到的霸凌，大多是使用什麼樣的手段，以及哪些情況比較多呢？

鈴木 女孩子之間，朋友間的糾紛非常多。現在的孩子，即使放學後也一直保持聯繫。暑假期間也是持續聯繫。常見的情況是像這樣——**大家表面上有一個十人的大群，但背地裡又開了一個少一人的小群，把某人排除。**

她們很喜歡用兩人合照當作個人頭像，而且個人頭像也經常更換（一下是和A子的合照，一下是和B子的合照等等）。為了展現彼此的親密關係，會把合照設為個人頭像。然後，就唯獨沒有放和C子的合照。

此外，還有IG限動的「摯友名單」功能。在對話中，當B子說到「A子那則限動啊～」，C子可能會發現「咦，我沒看到耶」。這或許還不到霸凌的程度，但在社群媒體上，可以持續不斷地進行「排擠」行為。

在社群媒體上的用字遣詞也很重要。避免使用容易造成誤解的說法是很重要的。例如，「都可以」這句話，究竟是正面的還是負面的語氣，光從文字是無法傳達的。如何巧妙地傳達語氣的細微差別是很重要的。

孩子的LINE群組裡，吵架越演越烈的情況也很常見。以抓對方語病的方式進行攻擊。內容

28 日本的二手交易平台。

可能是關於社團活動的討論等等，但孩子們隔天大多還是會見面，所以如果孩子來找家長商量時，可以建議他們「是不是當面談談比較好呢」。關於避免產生誤解的用字遣詞，最好在家人間的LINE群組裡練習一下。

另外，**還有洩漏私人帳號（不公開內容）內容的背叛行為**。大家會在只限摯友觀看的限動中，發表一些在公開場合不會講的私事。例如，在限動發「A子真的很討厭耶」之類的壞話。結果看到的人，可能會螢幕截圖，或是用螢幕錄影的方式拍下來，分享給原本限定的好友以外的人。這麼一來，當那個人再分享給其他朋友，其他人再分享給更多人，最終連不認識的人都會知道這些內容。那些容易在網路上引起話題的內容，例如未成年飲酒的影片等等，就會不斷地流傳到朋友圈之外。

之前壽司郎發生的舔醬油瓶的搗亂影片也是如此。壽司郎這個事件，除了做出擾亂行為的孩子，連同拍攝者等數人都被函送法辦了。這告訴我們，孩子不僅可能成為受害者，也有可能成為加害者。

犬山 確實如果用的是只對摯友公開的X（原Twitter）私人帳號，就會讓人更輕易地去發表那些在公開場合不會說出口的抱怨或個人資訊了呢。而且，要限制只給真正信賴的人看，也是很困難的吧。

青春期難免會在小圈圈的起鬨下，稍微玩過頭。可以想像，因為團體內的地位或壓力關係，也可能發生雖然自己其實不想做，卻無法拒絕的情況。

常聽到一個簡單易懂、教人如何判別的方式：「不能貼在自家大門上的照片或留言，就不可以傳出去。」希望家長也能將這點好好地傳達給孩子們。

5 如何保護孩子不遭受網路上的性暴力

我在寫本章節時最感到不安和擔憂的，就是孩子們會不會在網路上捲入性暴力事件。如果在網路上遭遇性侵害，有時候會留下數位足跡（digital tattoo），這真的非常可怕。

NHK【今日焦點】曾進行一項調查，他們在社群媒體上創建了一個虛構的國中三年級女生的帳號，發布了一則「我想交朋友」的貼文，結果短短兩分鐘內就收到了十二個人的訊息。這些訊息的內容包括「你介意和充滿了不良意圖的色情秘密帳號做朋友嗎？」以及男性下體裸露的影片。僅僅兩分鐘，孩子就遭遇了性侵害。隨後兩個月，發送訊息的人數將近兩百人，其中大部分都是疑似男性的帳號單方面地發出和性相關的要求。其中也有一個四十多歲的男性，他沒有提及任何性相關的內容，只是傳送關心的訊息，但當女孩對他感到放心，向他抱怨自己「壓力很大」時，他卻傳了要求性行為的訊息，並稱性行為是件「很棒的事」。

鈴木 社群媒體基本上從十三歲就可以開始使用。現在IG是主流，特別是女孩子們主要使用IG。一般上來說，使用人數多寡依序為LINE、IG、X（原Twitter）、TikTok。大人們喜歡用的Facebook（Meta）幾乎沒什麼人在用。

加害者會先在IG上尋找在學的國高中生。孩子們的社群媒體帳號基本上追蹤和被追蹤的人都是認識的人，大部分是同學或學長姐。因此，只要找到一個人，就能透過那個人追蹤的帳號和粉絲列表，接觸到所有人。

犯罪行為不會在公開的貼文等地方進行，而是會透過私訊（DM[29]，Direct Message）進行。私訊會依年齡設定限制。IG預設會關閉十幾歲青少年用戶接收來自非追蹤者或不認識用戶的私訊。

此外，IG還有保護未成年人的功能，例如禁止未成年人未互相追蹤的成年人傳送私訊，以及限制鎖定未成年人的帳號（例如近期曾被未成年人封鎖，或一次性追蹤大量未成年人帳號等行為）無法追蹤未成年人。但是，一旦互追，就能傳送私訊了。

TikTok不開放十六歲以下帳號的私訊功能。透過家長監控功能，也可以限制可以傳送私訊的對象。即便如此，加害者一旦鎖定目標，還是會找到其他的社群媒體帳號並進行聯繫。

加害者會盡其所能地偽裝自己。他們會從某處隨意找一張大頭貼，假裝自己年齡相仿。這樣一來，有時就會變成互追。但是，孩子們一旦習慣了，就能辨識出「這是假帳號」。因為這種帳號通常追蹤者很少，沒有和同年齡的孩子互動的紀錄，而且會大量追蹤各式各樣的女孩子。

如果對方是一個無差別追蹤大量帳號的人，朋友們之間就會互相分享資訊。當大家彼此分享「這個人傳私訊給我了」、「我也收到了」時，就會產生「那他是不是怪怪的？」的想法。這樣一來，大家就能決定「那就不理他吧」。但即使如此，還是會有孩子因為覺得有趣而回

29 或是PM。

覆，說「我回他了耶」。弄個不好還會變成朋友。所以，確實設定好限制還是很重要的。

很多孩子即使還沒達到社群媒體的使用年齡，也想提早使用，但請務必等到十三歲以上再使用。如果孩子為了提早使用社群媒體而謊報年齡，就有可能連到心懷不軌的大人。

此外，**剛創建帳號時，建議家長與孩子互追**。根據問卷調查結果，孩子們並不會很排斥與家長加好友。孩子們也希望能夠和家長一起享受社群媒體的樂趣。

犬山　在剛開始使用社群媒體的試用期內，讓孩子先試試看「當家長與孩子互追的情況下也OK的運用方式」，或許就像是學習使用社群媒體時的輔助輪一樣。

此外，如果沒有限制私訊，我認為在個人檔案中加上一句「私訊由家長管理」非常重要。

6 線上性誘騙（Online Grooming）的危險性

大人們常會告訴孩子們「要小心壞人」，但聽說加害者會裝成對孩子很好的大人。前面提到的

【今日焦點】調查中那位四十多歲的男性就是如此。孩子們會覺得「這是第一個用我的角度出發聽我說話的的大人」。所以，與其抽象地說小心「壞人」，家長不如去多多了解這些壞人的具體手法，並告知孩子。

鈴木 **加害者一開始會很溫柔，也不會說怪怪的話，只是不斷地聽孩子說話，並肯定他們。由於一天會交流很多次，孩子們會逐漸放下戒心。這就是所謂「線上性誘騙」（Online grooming）。**

之後，談話內容會變得越來越不對勁，但此時孩子們在閒聊中已經透露了個人資訊，所以無法逃脫。如果不聽話，就會被威脅。但即使到了這個階段，孩子們仍然相信「那個人不是壞人」。

青春期的孩子本來就可能對家長或老師有反抗的心理。而且，許多孩子無法想像大人會傷害他們。所以，如果有人只是普通地溫柔傾聽他們的話，孩子們就會很相信他們。那些無法對家長或朋友說的煩惱，反而更容易對這種人說。

為了防止受害，首先，不要見面是絕對要遵守的原則。不和網友見面這項原則非常重要，但對方會想盡辦法說服孩子「見面」。

例如，如果孩子想要某個偶像的周邊商品，而商品是隨機販售的五種款式，對方就會提議說因為自己抽到了想要的款式，可以和孩子交換。說要交換演唱會門票的方式也很常見。

如果被要求「見面」，希望孩子能與家長商量。如果可以，家長也最好一同前往，並選擇在開放空間或人多的地方見面。為了讓孩子願意商量，前提是**親子之間不要把手機內容變成「黑盒子」**。

家長平時也要偶爾展示自己的手機。不需要到展示所有手機的內容，但如果家長說「不要看媽媽的手機」，孩子也可能因此說「你也不要看我的手機」。

偶爾可以一邊給孩子看自己的手機內容，一邊說「媽媽的朋友這樣說好好笑喔」，營造一種在家裡可以隨意談論手機內容的氛圍。這樣一來，孩子們也會跟家長說「這個人對我超好，還說要送我偶像周邊商品。」這時候，家長就能說「等一下，你確定跟他見面沒問題嗎？」

犬山 家長需要了解，加害者會想盡辦法、用各種方式與孩子見面，這程度遠超乎家長的想像。由於孩子很信任對方，如果對方有自己想要的東西，就可能跟對方見面。因此，我認為有必要教導孩子線上誘騙的手法，並反覆告知「即使是自認為可以信任的對象，也絕對不要傳送個人資訊或照片」。

還有，當看到或聽到這類新聞時，如果說出「受害者也有問題」之類的話，孩子在緊急關頭可能就不會向家長求助，這點需要特別小心。

7 兒童傳送私密照性影像，要求傳送照片的人也可能是同學

即使能阻止孩子與陌生人見面，我們仍擔心透過私訊交換照片可能導致的性暴力。櫻井鼓的《性犯罪與性暴力受害的實態與課題～網路性侵害調查～》報告內容指出，每四十個孩子中就有一人回答「在兒童時期曾將性自拍影像傳送給他人」。這個比例相當高，等於平均每一班就有一人曾傳送過這類影像。

鈴木 透過私訊交換照片造成的性侵害確實很常見。這種現象**不只發生在成人與孩子之間，同學之間也很普遍。**有些孩子會在LINE上傳送猥褻圖片、成人網站連結並問其他同學「你覺得這個這麼樣？」，或是問「你會自慰嗎？」、「你知道什麼是性行為嗎？」但我想他們的媽媽可能並不知情。對女生的家長來說，也很難開口。如果說「你兒子傳了色情圖片給我女兒」，事情可能會鬧大，女兒也可能被責怪「為什麼要說出去」。這真的非常棘手。因此，**最好告訴孩子對於這類LINE訊息可以直接忽略。因為孩子們往往會認真地嘗試回答對方。歸根究底，從享受女孩反應的角度來看，這種行為與來自大人的數位性暴力是相同的。**

來自陌生人的性暴力，通常會先透過IG或X（原Twitter）接觸，然後再加LINE，透過LINE傳圖。加害者會假裝是同齡人，說「我的胸型很奇怪」或是「媽媽買的這件內衣我不太喜歡」，然後先傳圖過來，接下來有些人就會要求「你也傳一下啊」。

那些胸部或內衣的照片，都是從網路上隨意抓來的。如果孩子們被對方說「你為什麼不回傳？很過分耶」，他們可能會覺得自己必須回傳。但一旦回傳，自己傳出的圖片就會附帶上了對方知道的個人資訊。像這樣的「自拍外流」非常普遍。

數位性侵害多半是不需要實際見面的犯罪。大人們知道如果實際見面並做出任何行為，被

逮捕的可能性會大大增加。因此，他們可能是抱著「想在網路上享受」的心態，千方百計地去獲取圖片。

TikTok無法在私訊中傳送圖片。這是它與其他服務最大的不同。如果能傳送圖片，就能傳送QR code圖片，進而更容易加LINE。加害者和孩子們會透過線上遊戲、元宇宙等各種管道認識，但由於用LINE傳訊息最輕鬆，所以最終還是會加LINE。

還有一點很重要，那就是：男孩也可能受害。有時男孩們透過線上遊戲認識彼此，每天登入遊戲逐漸變熟後，對方會說「來我家一起玩遊戲吧」，結果去了之後卻在現實中遭受性侵害。對於國中左右的男孩來說，如果對方是二十歲左右的男性，他們可能會放心地赴約。如果遇到這種侵害，男孩會更難以啟齒。

前面談到了很多關於社群媒體的內容，**但結識的地點不只社群媒體，線上遊戲和聊天室也是常用管道**。如果用虛擬角色去玩遊戲，對方可能會設定成非常可愛的女孩形象，讓人容易放鬆戒心。此外，語音聊天不會留下紀錄，所以即使發生什麼事也無法確認內容或留下證據。

除了這些服務，還有其他新的交友平台不斷出現。有些語音應用程式或語音聊天室的功能可以讓互不相識剛好有閒的人聚在一起聊天，這類服務完全沒有過濾機制。即使對方突然拋出暴力或性相關的詞語，也不能怎麼辦。

犬山 我認為，若遭到同學的侵害，為了防止更多受害者出現，應該向學校報告。同時要徹底保護受害者的隱私。也可以向專業機構諮詢該如何向學校說明。尋求學校諮商心理師的協助也是一個方法。

此外，兒童色情犯罪的背後動機除了加害者本身的慾望之外，營利的動機也相當強烈。二〇二〇年，當日本最大的兒童色情網站被查獲時，該網站的會員數高達兩萬人，經營網站的人每月賺取數億的巨額利潤。知道這個事實時，我感到自己的後腦勺彷彿遭到重擊，眼前一片昏黑。而且，其中九成上傳影像的人本身對兒童色情本身毫無興趣。

有些大人會在視訊聊天中巧言誘騙孩子脫衣，據說這比誘騙成年女性容易得多。幸運的是，日本的刑法已修正，「見面要求罪」已於二〇二三年七月生效。這項法律不僅懲罰以猥褻目的與未滿十六歲者見面的行為，也懲罰要求見面或傳送性影像的行為。當然，除此之外，還有兒童色情法的保護。然而，加害者並不會因為制定了法律就消失。因為相對於其獲利，懲罰可說過於輕微。我堅信我們需要訂定更嚴厲的罰則。

除了對孩子進行教育外，使用「護孩（暫譯）」（Kodomamo）這款應用程式也是一個方法。這款應用程式能透過AI自動偵測孩子是否有危險的聊天內容或猥褻自拍，提醒孩子刪除圖片，並同時通知家長。在使用這類保護孩子的應用程式前，務必向孩子清楚解釋並徵得同意，再將其安裝到手機或平板電腦中。

如果照片已經傳送出去，首先要保留證據並尋求專業人士的協助。絕對不能對孩子發脾氣，像是說「你為什麼要傳這種圖片？」、「我不是叫你不要傳照片嗎？」必須讓孩子知道，發生這種事，百分之百是加害者的錯，而且不論發生什麼事，家長永遠都會支持他們。這適用於所有的性侵害案件。

以下引用網路素養專家小木曽健在【NHK大家一起+】「如何保護孩子遭受社群媒體性犯罪的侵害：案例與對策」節目上所提出的內容：

小木曾：最重要的是，不要情緒化，而是冷靜地確認事實。

〈傳送性影像後的應對重點〉

▼使用了什麼樣的服務，與對方進行了什麼樣的交流？

▼傳送了什麼樣的照片？臉有入鏡嗎？制服有入鏡嗎？

▼對方有提出什麼要求嗎？

▼對方知道多少孩子的個人資訊？

小木曾：如果受到威脅，請立即連絡警察。但是，如果對方尚未提出任何要求，家長應暫時避免傳送訊息給對方。

如果是自己的孩子受害，我也會很難保持冷靜。我可能會因為憤怒而聯絡對方。但是，為了保護孩子，我們必須保持冷靜，讓孩子感到安心。那些痛苦的情緒，可以等到之後只有大人時再互相交流、彼此安慰療傷就好。這點必須牢記在心。

8 不要將孩子的照片上傳至社群網路——提升家長的資訊素養

前面的討論主要圍繞在如何教導和保護孩子，但或許我們首先該審視的是自己的網路素養。我認為，就像性教育一樣，未曾接受過網路教育的家長世代，現在有必要開始學習。

鈴木 首先，如果家長對任何網路服務都不了解，孩子們也會失去和家長商量的意願。**即使覺得無聊，家長也應該稍微用一下孩子正在使用的應用程式（或至少看一看）**。這樣一來，就能多少理解一些術語。如果孩子說「某某人轉發了我的文」，但家長卻問「轉發是什麼？」，每次對話都被打斷，孩子就會覺得「媽媽不懂啦」，然後就不再和家長說話了。所以，當孩子說「我想用這個App」或「朋友介紹的App可以下載嗎？」時，家長應該先試用看看。這樣一來，即使是遊戲應用程式，也能採取一些措施，例如「孩子用時，把聊天功能關掉」。

一開始先限制嚴格一點，之後再逐漸開放是比較好的做法。過濾功能一開始可以設定得非常嚴格，然後再慢慢放鬆。雖然過濾功能無法百分之百防止所有問題，但家長可以把它想像成開車時的安全帶。雖無法達到百分之百的防護，但繫上還是比較好。

等到孩子讀高中時，他們可能會用電腦製作社團要用的資料，或是建立官方帳號。家長需要在此之前教導他們網路素養，並提升他們這方面的水準。這也是教育的一環。

為此，家長必須先提升自己的網路素養。有些家長會發布孩子露臉的照片，或是洩漏個人資訊的貼文。在法國，二〇二四年二月通過了一項法律，懲罰父母擅自分享孩子資訊的行為。這項法案的制定是基於兒童色情內容有一半來自家長在社群媒體上發布的孩子照片，以及對未成年人隱私侵犯問題的重視。據我所知，日本目前還沒有類似的舉措。

此外，**孩子們第一次上網搜尋時，是會去搜尋家長或朋友家長的帳號的。**那裡可能會有朋友小時候的照片。如果家長毫不遮掩地寫下育兒時的煩惱，我認為這可能會導致出現「那傢伙小時候好像很〇〇耶」等針對孩子的誹謗。

我建議家長在孩子達到會上網搜尋的年齡之前，「重新建立」社群媒體帳號。不然孩子可能會看到爸爸追蹤了許多性感的帳號，或是頻繁發表和性相關的言論。我認為接下來的時代，大人勢必會接受許多考驗。

犬山　我在發布孩子照片時，都會把臉完全遮住。然而，我認為即使遮住臉，只要是關於孩子個人資訊或以孩子為主體的貼文，即使孩子表示同意，有時也可能產生問題。

而且，我衷心希望大家不要上傳會被濫用為兒童色情內容的裸照、泳裝照或過度暴露的照片。許多人發布照片時可能沒有惡意，覺得「怎麼會有人對這麼小的孩子（甚至是嬰兒）產生性方面的想法？」，但據說兒童色情內容有一半來自家長在社群媒體上發布的照片。

9 推薦的功能與App

網路廣告也是讓人相當擔憂的問題。例如，當我和孩子一起用手機瀏覽遊戲攻略網站時，突然會跳出露骨的色情廣告。我說的不是那種「看起來有點色情」的程度，而是明顯的成人取向廣告，而這樣的廣告，無論是閱讀部落格時或是搜尋食譜都會出現。因此，我現在搜尋時都會盡量不讓孩子看到。家裡的平板即使開啟了過濾功能，還是會顯示色情廣告，最後我不得不安裝廣告阻擋應用程式。

我不想就此舉手投降，因此在X（原Twitter）上創建了「#政治人物動起來規範網路色情廣告」的主題標籤。結果，許多人立刻響應並使用這個主題標籤發文。原來有這麼多人也深受色情廣告困擾。

鈴木 有些應用程式開發者有推出廣告阻擋應用程式。

例如，如果使用「Brave」這個瀏覽器應用程式瀏覽網站，即使不特別設定，廣告也會自動被阻擋。用Brave觀看YouTube影片時，也不會播放廣告。Brave支援iOS和Android系統。

如果想繼續使用iOS的預設瀏覽器Safari，那麼「AdBlock Pro」也是不錯的選擇。如果是Android系統，可以在Chrome的設定中阻擋「彈出式視窗與重新導向」。

不過，比較麻煩的是，當在社群媒體上開啟連結時，用的是應用程式內建的瀏覽器。例如在LINE中點擊連結，會用LINE內建的瀏覽器開啟，這樣就無法限制廣告的顯示。

如果孩子有智慧型手機，請務必開啟過濾功能（家長監控功能）。過濾功能主要有兩種：

①電信業者提供的服務，例如Docomo等業者提供的「安心過濾」。

②手機作業系統內建的功能（iOS有「家人共享」和「螢幕使用時間」，Android有「Family Link」和「Digital Wellbeing」的功能）。

我認為這兩者至少要設定其中一種。

第一種手機電信業者提供的服務，可以粗略地根據年齡來區分適合的應用程式，例如「中學生適合／不適合這款App」。而iOS或Android內建的功能，只要按照步驟操作，就可以為孩子量身打造適合的設定。除了時間限制，還可以設定在沒有家長手機許可的情況下，無法安裝應用程式或進行購買或儲值（課金），這讓家長感到相當安心。

最令人擔憂的課金情況，通常發生在家長將手機借給孩子時。家長的手機裡有付款資訊。即使是家長汰換下來的舊手機，或是家人共用的平板電腦，只要有付款資訊，孩子就能像大人一樣進行課金。曾有小學生在家人共用的平板上，進行了超過一百五十萬日圓的遊戲課金案例。這些錢大部分都拿不回來，所以課金功能也應該全部設定為需要許可。

設定過濾功能（家長監控功能）後，Android的Family Link還能查看位置資訊，這也是一個用於監控的優點。即使是iPhone，也可以透過「家人共享」等功能掌握孩子的位置資訊。

至今我一直在談論網路的危險性，但社群媒體如果完全不透露個人資訊，就會讓整個體驗變得無趣且不便。若不在X（原Twitter）上發布任何自己喜歡的事物，不僅會讓人感到無聊，實際上也難以做到。

我朋友的兒子非常喜歡石頭、古物，但學校裡一個志同道合的朋友都沒有。然而在IG上，他找到了許多同好，他和這些朋友建立了互動，甚至被邀請參加活動，過得非常充實。像這樣，網路也有它好的一面。

家長最好與孩子保持密切溝通，了解他們對什麼事物著迷。正是因為不清楚孩子拿智慧型手機來做什麼，才會感到擔心。相反地，如果知道孩子用手機來做什麼事，好比說「啊，孩子現在是在查程式設計的資料啊」，家長就可感到放心。如果知道「孩子正在朋友的LINE群組裡熱烈討論校慶準備」，就能想說「那今天就讓他用LINE用久一點好了」。

犬山 我認為最重要的三點是：「過濾功能是必須的」、「平時持續傳達重要的資訊」以及「建立讓孩子願意傾訴煩惱的關係」。

首先，我們不希望孩子受害。希望他們在受害前就能向我們諮詢。此外，要建立起即使萬一不小心洩漏了資訊或遭遇了侵害，也能讓他們願意諮詢的關係。

說到底，圍繞著孩子的網路危險，都是那些傷害孩子的大人的錯。因為這些心懷不軌的大人的存在，而必須限制孩子使用手機和網路，我身為一個大人，對孩子感到非常抱歉。

我深切感受到，大人有責任為孩子創造一個可以自由探索、不必擔憂兒童色情或詐騙的網路環境。我希望我們能一點一滴地，在大人力所能及的時候，為保護孩子而發聲。

第6章

希望無論是何種性向，你都能感受到被愛

一旦我這樣想
若孩子是性少數族群會不會被社會傷害？
就湧現了種種不安
我不希望孩子去傷害性少數族群的朋友
以及像這樣的想法
不管孩子性傾向如何，我當然都一樣愛她！
我也有這樣的朋友，我懂！
我沒有偏見的，我不介意的！
等等，雖然是出自善意，但有可能因此傷害到孩子
搞不好因為無知而傷害到孩子的人反而是我自己
所以，首先大人自己要先學習相關知識
還有，要努力將家裡打造成能讓孩子安全生活的空間！
擺好架式，蓄勢待發
下一步才是想如何保護孩子

如果孩子是性少數族群怎麼辦？

該如何教育他們不去傷害性少數族群的友人？

如果家長自己是性少數族群，該如何向孩子解釋？

我出生於1981年，但在我的記憶中，從未在課堂上學到關於性少數族群的知識。當時主要接觸到他／她們的管道是電視，而許多人被當成是「可以被戲弄、嘲笑的人」。「基佬」（ホモ，Homo）、「蕾絲[30]」（レズ，Les）、「人妖」（おかま，Okama）等充滿歧視的稱呼被視為理所當然，順性別異性戀者會用這些詞語來揶揄他人，意圖搞笑。

當時許多電視機前的觀眾，包括那些對孩子很友善的人或者善待下屬很有人望的人，都理所當然地跟著一起笑，當時的時代就是這樣。

因此，我認為最重要的是，大人們必須先著手學習，而且，我們需要從反省自身開始。

現在的孩子們在教科書中學習性少數族群的機會增加了，但還遠遠不夠。我希望他們能在更早的時機，在幼兒園或托兒所時期就能接觸到這些知識。因為有太多人即使長大成人，仍然帶著幼兒園時期被戲弄、被霸凌的傷痕。我希望孩子們從小就不要受到傷害，也不要成為傷害他人的一方。

1 性傾向並非只有絕對的兩極

我自己的印象中，直到成年為止，我只遇過一位性少數族群。照理來說，同一所學校、同一個班級、身邊應該都存在性少數族群，但我所能意識到的，卻僅僅只有一位。這意味著性少數的孩子必須隱藏自己的身份來生活。

當時的我，還是個完全談不上擁有正確知識的學生，是不是曾因為不經意的發言而傷害了誰呢？我好像曾說過類似「我沒有偏見，我不介意的！」的話。「我不介意」這句話其實就隱含了用高高在上的視角評斷他人的感覺。如果當時有知識，是不是就能大大減少傷害他人的情況呢？我深深感受到，無知也是一種罪惡。

御手洗 我認為一開始學習 SOGI 會很有幫助。SOGI 是 Sexual Orientation & Gender Identity 的縮寫，也就是「性傾向與性別認同」。簡單來說，SOGI 中有四種「性」：

30 中文的蕾絲邊的歧視意涵並不強。

①**「被指派的性別」**：出生時由醫生診斷的性別。

②**「性別認同」**：自己對性別的認同方式。

③**「喜歡的性別」**：受到哪種性別的吸引，或者不受到吸引。

④**「表達的性別」**：自己想展現出的性別。

SOGI是由①~④組合而成的。

這四種「性」不僅存在於LGBTQ+族群的孩子身上，包括正在閱讀這本書的家長在內，所有人身上都具備這四種「性」。例如，如果你的③「性傾向」是「異性」，那麼你的性傾向就是「異性戀者（heterosexual）」；如果你的①「被指派的性別」和②「性別認同」相同，就稱為「順性別者（cisgender）」。如果①「被指派的性別」和②「性別認同」不同，則稱為「跨性別者（transgender）」。

而LGBTQ+，其中L代表女同性戀者（Lesbian），G代表男同性戀者（Gay），B代表雙性戀者（Bisexual），T代表跨性別者（Transgender），Q則代表酷兒（Queer）或對性別認同及性傾向感到疑惑的人（Questioning）。對性別認同或性傾向感到疑惑的人

（Questioning）指的是還未確定自己的性別認同或性傾向的人、或者是認為不確定反而可以活得更輕鬆自在的人。「+」則不是任何單字的縮寫，代表著還有其他各式各樣的性傾向。

我們在學校教育中並沒有學過SOGI這四種「性」，所以有時可能會感到困惑。例如，當孩子向家長出櫃說「我是女同性戀」時，家長常會問「你喜歡女生，是因為你想變成男生嗎？」但身為女性喜歡女性，身為男性喜歡男性，都是很自然的事情。

此外，即使是「跨性別者」，他們也有③「喜歡的性別」，所以跨性別者當中有人喜歡喜歡異性，也有人喜歡同性。

這樣寫起來看起來好像很複雜，但家長和孩子一起討論自己的這四種「性」，也是一個好方法。透過與孩子的對話，我希望家長也能一起思考。

另外，關於性別認同，雖然它具有流動性，但如果用「流動」來表達，很容易被解讀成有「他雖然生為男生，現在打扮成女生，但以後有可能還是會變回男生」這種意涵，所以需要特別小心。而性別認同，由於「認同」這個詞的語意，很容易被認為是「自己去選擇的」。然而，性別認同並非「自己可以選擇」的性，所以我希望有更多人能認識到，性別認同即使有「流動」的可能性，也並非「可以改變」的。

犬山 首先，家長要先了解自己的 SOGI，這樣才會更容易把這當作自己的事。我也想再次確認自己的 SOGI。

此外，也需要了解「蕾絲」和「基佬」這些詞語一直以來使用上都帶有歧視意涵。現在建議使用「女同性戀者」而不是「蕾絲」，使用「男同性戀者」而不是「基佬」。我感覺很多人在不知情的情況下用了這些蔑稱，所以包含 SOGI 在內，與周圍的人分享這些知識也很重要。

2 保持願不斷更新知識的心態，能營造出好溝通的氛圍

當孩子是性少數族群時，向家人出櫃應該是件需要相當勇氣的事情。即使隱約覺得可能是這樣，強迫孩子出櫃也是不對的。為了營造一個孩子容易傾訴煩惱的氛圍，我們可以做些什麼呢？

御手洗 我認為這不只適用於 LGBTQ+，而是所有話題都適用，在提到關於特定種族、宗教、性別、性傾向時，不要以一概全，這非常重要。例如，聽到「黑人都是這樣的」、「伊斯蘭教

思考自己的 SOGI

① **「被指派的性別」**：
出生時由醫生診斷的性別。

② **「性別認同」**：自己對性別的認同方式。

③ **「喜歡的性別」**：
受到哪種性別的吸引，或者不受到吸引。

④ **「表達的性別」**：自己想展現出的性別。

回答不一定只能是「男」或「女」二選一。即使沒有答案也沒關係，請直接寫下現在的想法。

徒都是那樣的」這種話，會讓孩子更容易意識到自己的性少數族群身份。即使家長沒有談論 LGBTQ+ 的話題，孩子也可能感覺「如果我說我是女同性戀，就會被這樣品頭論足」。我認為，**家長可以假設自己的孩子或家人中也有性少數族群，在談論特定屬性時，不要以一概全，會更容易創造一個舒適、易於出櫃的環境**。

話雖如此，在家裡隨意開口時，有時可能不小心以一概全。如果真的說出口了，若能加上「但這是我個人的偏見啦」或「我知道這樣說有點偏頗」這樣的解釋，或許可稍微緩和氣氛。我想，這些日常中細節的表現可以積沙成塔，也能讓孩子更容易開口。

另外，向孩子展現家長持續學習的姿態，我認為非常重要。例如，書架上放著一本「什麼是 LGBTQ+?」之類的書，孩子就很容易覺得「媽媽（爸爸）對這個有興趣」。這對我自己來說也是一樣，**保持不囿於成見，持續更新新知的態度是非常重要的**。

如果家中有兩位家長，那還有一件事也很重要：那就是兩位家長要擁有可以針對對方發言直率提出自己意見的關係。家庭中也存在權力關係，保持這種權力關係的平衡非常重要。例如，如果爸爸說「這個人很奇怪」時，媽媽能提出「你不可以說這樣的話」、「不是所有人都那樣」等，像這樣彼此能夠互相協助、善後的關係，我認為是最理想的。

當然，根據關係的不同，有時也可能無法直截了當地說出口。在這種情況下，我認為與孩子建立秘密關係會比較好。例如，當你覺得「這個人說了不恰當的話，但很難直接指出」時，可以用眼神向孩子示意一下。雖然建立公開場域的關係很重要，但在封閉場域，在一對一的關係中，即使只是用眼神示意「我知道」，也能成為一個安全的場域。

犬山 我看過很多人因為覺得「我父母思想很老舊，說了也沒用」而放棄談論性別。但即使如此，還是有很多方法的。雖然家長很難學會所有的知識、完全不造成任何一丁點傷害，但我認為持續展現「我正在努力學習、歧視是不對的」的態度非常重要。

3 孩子向你出櫃時不該說的話

當孩子向家長出櫃時，該怎麼辦呢？我們都知道，不要口出歧視和偏見是理所當然的，但即使是出於善意，家長也可能會說出傷害到孩子的話對吧。

御手洗 對孩子們來說，出櫃這種行為，有時會讓他們感到「自己的安全之地可能會消失」的恐懼。他們不可能抱著輕率的想法出櫃。我的建議不僅適用於家長，也適用於所有「出櫃的聽眾」，首先傳達「謝謝你告訴我」這樣的話語或態度非常重要。**若講出「沒關係，你總有一天會喜歡上異性的」或是「你總有一天會變回女性（男性）的」這種話可能會傷害到對方**。有些家長可能會因為孩子突然出櫃而感到驚訝或大受打擊，但在這種時候，請不要因一時衝動而口不擇言，而可以試著說：「謝謝你告訴我這麼重要的事情。我想要好好地面對你跟你好好談話，能給我一點時間嗎？」

對孩子來說，「第一次出櫃」對他們未來的人生影響之鉅，超乎我們大人的想像。初次出櫃時遭到否定的孩子，往後的人生也可能一直無法相信他人。

然而，家長也是人，我們也會犯錯。到時請告訴孩子：「當時是我錯了。即使這樣，我也一樣愛你。」只要有這句話，就能讓孩子感到被拯救的感覺。

犬山 家長想傳達的應該是「我會一如既往地愛你，我是支持你的」的心情。如果能確實傳達給孩子就好了。

4 孩子出櫃後能讓孩子安心的話

雖然上一節先討論了不該說的話，但最重要的還是先讓孩子感到安心。當然，每個人的關係都不同，也沒有所謂「這就是正確答案！」的回答。即使把學到的話直接說出來，如果不是真心誠意，也沒有意義。

但是，應該還是有很多可以學習的點。我希望家長能去學習，然後用自己的話說出來，讓孩子感到安心。

御手洗 **首先要告訴孩子：「謝謝你告訴我」**。對那個孩子來說，出櫃等於世界產生了翻天覆地的變化。所以首先是「謝謝你願意告訴我，也謝謝你覺得我是可以傾訴的對象」。

如果孩子看起來有些不安，也可以問問孩子「你之前很擔心嗎？」或是「你本來覺得媽媽會怎麼反應呢？」

正如前述，我想有些家長雖然想要理解孩子，但同時也感到十分困惑。在這種情況下，**或許可以為自己創造一條退路，告訴他們：「我現在知識還不足，但我會努力學習，也想更了解你。所以以後如果我的言行讓你覺得不舒服，你可以直接跟我說。如果你不好意思跟我說，也可以跟家裡的○○說喔。」**

另外，如果孩子還很小，例如學齡前兒童時，如果他們說「我真希望自己生來是男生（女生）」，可以回答「這樣啊」會比較好。

反過來說，如果無法說「這樣啊」、覺得有無法接受的理由，那可能代表家長心中存在著某些糾結。

我認為這適用於所有的人際關係，除非是遭受暴力或侵害的情況，否則當無法接受對方時，很多時候是自己內心存在著某些課題。例如，**當女兒說「我真希望自己生來是男生，想變成男生」時，若家長回答：「咦？為什麼？」這其實是我們家長自己內心的「課題」，而不是那個孩子有問題。**當然，這些課題並非壞事，也不是非得排除掉不可。但這些課題，有時也會導致我們在不知不覺間把重要的人推開。正因為如此，先接受「這樣啊」，然後再問「為什麼你會這麼想呢？」也很重要。

例如，可能只是因為被欺負，覺得如果自己是男生就能變得更強壯；又或者，可能是因為覺得男生可以自由玩耍很好，那這樣就是社會的責任了。此外，也有可能是跨性別者，對自己的身體感到不協調，並且確信自己「無疑是個男生」。

無論如何，最好還是先問孩子「這樣啊，為什麼你會這麼想呢？」。

犬山 「如果你感到不舒服就要說」，這句話非常重要。出櫃之後並非「皆大歡喜」從此幸福美滿，之後肯定還是會有摩擦和掙扎。

家長的態度不應是「你放心吧，我會用完美的方式對待你」而是要保持「我會努力學習，但如果還是讓你感到不舒服，請跟我說」的態度。我覺得這在所有的溝通中都是非常重要的。

5 如何讓家庭成為一個安全的避風港

如果孩子是性少數族群，即便家長自己能接受，很多家長仍會擔心如何保護他們免於社會的傷害。

當他們進入社會或去學校時，會擔心孩子會不會被霸凌、被投以歧視的目光？孩子會不會因此受傷？正因為這個社會仍然充滿不確定性且尚在發展中，所以至少家裡應該成為孩子們安全的避風港。那麼我們該怎麼做呢？

御手洗 無論我們多麼希望「孩子不要受傷」，悲傷的是，我們不可能將他們保護地毫髮無傷。當然，透過學習知識或介入，我們有很多方式能保護孩子。

然而，我們自己在成長過程中也曾受傷、經歷過傷痛，才成為大人。不知道怎麼辦到的，我們總是能在整理收拾好心情之後，繼續生活。正因為如此，培養「心理韌性（resilience）」真的非常重要。

心理韌性，指的是恢復力。這種恢復力可以在家庭中培養，也就是所謂的自我肯定感。為此，**首先要增加孩子的依靠對象**。依靠對象有很多種，精神科、兒童精神科或心理諮商所都是重要的依靠對象；家長、朋友、社群媒體上的朋友也是依靠對象。此外娃娃玩偶等物品也很容易成為依靠對象，所以可以為孩子創造許多這樣的對象。我想這是家長可以做到的事。

除此之外，透過一些小動作，例如對孩子說**「我是站在你這邊的，如果你願意按照自己的步調告訴我你的事情，我會很高興」，或是家長自己展現出與社會奮鬥的樣子，我相信就能慢慢培育出孩子的心理韌性。**

什麼都不說，只是默默地陪伴在旁，也是一種支持的方式。

例如，當孩子看起來有點沮喪，覺得他們在學校一定發生了什麼事時，即使只是說「我買了你喜歡的蛋糕，要吃嗎？」或是「去洗個澡，暖一下身體吧」，孩子也可能會覺得「媽媽（爸爸）是不是有點察覺到了」、「他們好像對我特別體貼」。

雖然孩子有時可能沒有察覺到家長的貼心行為，但這些體貼會一點一滴地累積在心中，終有一天會成為巨大的支持。當孩子的心遭到挫折時，這將成為他們活下去的一份重要力量。此外，用言語表達「我會一直在你身旁關心、支持你」的態度也是一種很好的應對方式。

第7章

✤

不希望她霸凌別人，也不希望她被霸凌

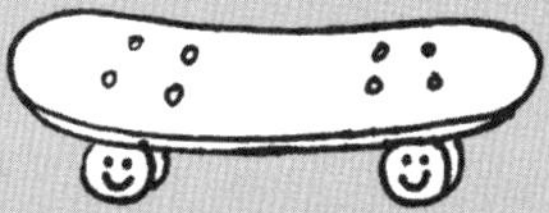

向他人施加暴力，或無視別人，或者講別人壞話 這些欺負人的行為是不對的喔
被欺負的人會覺得很難過，也會感到很受傷對吧
反過來說，若你被別人欺負，一定要跟大人說喔
好！
雖然有告訴孩子關於霸凌的事
但實際上當孩子遭到霸凌時，大人能採取哪些措施呢？
那個人遭到其他人無視看起來好難過……但若我去維護她，會不會換我被欺負？
老師
該怎麼跟老師說？
父母
該怎麼跟父母說？
若遭到霸凌時!?
學校生活很開心啊！
也有可能隱藏自己被欺負的事實
追根究柢，我們該如何和孩子相處，使「霸凌難以發生」呢？
照顧孩子的
心理壓力
培養對被欺負的人的
同理心
欺負他人的
罪惡感
有高達九成的人回答，自己曾經經歷過符合霸凌定義的行為，在這種情況下，大人應該具備哪些知識？
所有的大人一起
孩子
保護孩子們

本書的主題雖然是「養育女孩」，但有些議題是不分性別都必須一併探討的，其中之一就是「霸凌」。

根據荻上知紀所著的《引發霸凌的教室（暫譯）》（PHP研究所），2010年度的調查顯示，從小學四年級到國中三年級，有高達九成的學生至少經歷過一次符合霸凌定義的行為（排擠、說壞話、無視）。

孩子不僅可能成為受害者，也有可能成為霸凌的加害者，甚至是旁觀者。

我不希望孩子成為霸凌的受害者、加害者或旁觀者。

但是，如果真的遇到了，該怎麼辦呢？

當孩子成了旁觀者，一方面我會希望他「採取行動保護被霸凌的孩子」，但同時也會擔心：「不由大人出面，而是讓孩子去承擔消除霸凌這個艱困的任務，真的合適嗎？」、「如果因此導致孩子被霸凌，心靈受到巨大創傷，該怎麼辦？」。

在發生這種情況之前，以及發生之後，身為家長，我們該如何行動並給予建議呢？

此外，雖然一開頭提到了霸凌不分性別，但女孩子是否更容易遭遇某些類型的霸凌呢？

1 關於霸凌的基本知識：存在高風險群

我們當然希望孩子們不要成為霸凌的受害者，除此之外，也當然不希望他們成為霸凌的加害者。不過，霸凌是否存在性別差異呢？我們採訪了NPO法人「停止霸凌！Navi（暫譯）」的理事長荻上知紀，他自己也曾經歷過霸凌。

荻上 根據國立教育政策研究所的調查，從小學四年級到國中三年級期間，約有八到九成的學生至少經歷過一次符合霸凌定義的行為，不管是身為加害的一方或受害的一方。這裡所說的「霸凌」是指毆打、說壞話、排擠等個別行為的集合。不論這些行為是否持續，它包含了在一定期間內被學校裡的人如此對待的經驗。這是一個相當廣泛的定義，每個人都可能加害他人或是成為受害者。

許多家長在孩子入學時，都會擔心「如果我的孩子被霸凌怎麼辦」。實際上，我們同樣也需要預測「如果我的孩子霸凌別人怎麼辦」並做好事先準備。

霸凌的加害者與受害者的角色，在學校生活中會不斷轉換，但的確存在容易遭到霸凌的高風險族群。例如，有口吃等障礙的兒童或身為性少數的兒童都比其他兒童面臨更高的風險。因此，雖然每個人都有風險，但機率並不均一，而是存在一定數量的高風險群。此外，霸凌的內容，也存在性別差異。肢體暴力多發生在男性之間，女性則多為流言蜚語和性騷擾的受害者。然而，過於關注這種差異可能會曲解了對整體情況的理解。這是因為，儘管存在一定程度上的差異，但霸凌的模式仍是相似的。因此，關注基本的霸凌情況，並改善容易發生霸凌的環境便是我們的首要前提。

2 容易發生霸凌的年齡與形式

是否有比較容易發生霸凌的年齡層?此外，隨著年齡不同，霸凌的內容會發生哪些改變?此外，家長也必須知道在什麼樣的環境下，比較不容易發生霸凌。

荻上 霸凌的其中一個高峰期，是在小學中高年級階段。若是以老師發現的案件數來看，國中一、二年級是高峰，但從實際體驗的調查結果來看，高峰期是在更早一點的階段。此外，國中時期更容易出現長期霸凌的傾向。無論如何，小學到國中階段都需要加強霸凌對策。

在日本，縱使言語霸凌和人際關係霸凌的比率高於肢體暴力上的霸凌，但在小學時，肢體暴力的霸凌仍佔一定比例。到了國中，肢體暴力的霸凌會減少，**取而代之的是說壞話、取綽號、使用網路霸凌的比例增加。國中生開始擁有智慧型手機，因此經歷這類霸凌的機會也隨之增加。**無論哪個年齡層，孩子們都會使用透過媒體或朋友學到的詞彙來攻擊他人，這些攻擊詞彙中也包含了性別歧視和種族歧視。一般來說，霸凌會在國中二年級達到高峰後減少，但也有數據顯示，針對性少數族群的霸凌會在國中三年級達到高峰。此外，關於容易發生霸凌的環境，有一個大前提：**96%的霸凌是發生在大人不在場的時候。**因此，需要建立一套讓孩子願意向大人報告的機制。為了讓大人更容易發現霸凌行為，有些地方已經開始展開預防霸凌的行動，好比說家長在上學路上或放學時站崗保護孩子等活動。這些行動旨在增加大人發現霸凌的機會。它們並非毫無意義，而具有一定的效果。這些行為被稱為「監督（supervision）」。簡單來說，就是「好好看顧」、「好好守護」的意思。在日本，下課時間在教室裡的監督也是必要的，因此如何創造一個大人視線經常可及的環境就是一個很重要的課題。此外，還有一個大前提，那就是建立起孩子對大人的信任，讓孩子們將大人的視線視為是一種保護而非監視。

犬山 談到改善霸凌發生的環境，可能會讓人覺得這樣就能消除霸凌嗎？但正如荻上知紀先生的著作《產生↓引發霸凌的教室（暫譯）》中所寫的，如果從「如何創造出增加霸凌發生機率的環境？」這個角度來思考，就可以列出許多點，例如「增加帶給孩子壓力的老師」、「不給孩子自由時間」等等。所以反過來說，我們也能創造出不容易發生霸凌的環境。

3 為了避免霸凌，家長該做的事前教育

為了不霸凌他人，以及不成為霸凌的旁觀者，有哪些事是必要的？此外家長又能做些什麼呢？

荻上 為了不霸凌他人、也不成為霸凌的旁觀者，孩子自己內心**有幾個重要的要素，其中一個是同理心，另一個是罪惡感。**

同理心是指能夠想像「如果這樣攻擊對方，對方會很痛苦、會覺得很討厭」的能力。提到同理心，很容易聯想到貼心這項特質，但與其說是貼心，不如說需要理解。即使無法體貼對方，但如果能理解對方的痛苦，就不容易成為加害者。因此，不僅要培養情緒上的同理心，還要培養認知上的同理心，學習換位思考的技巧。這些努力非常重要。另一個要素則是對罪惡感的預期。當預期「如果做出這種行為，將來會感到罪惡感」時，人就會克制這種行為。

為了提高對罪惡感的預期，重要的是，要預先告知孩子周圍會如何反應。例如，事先告訴孩子「如果你霸凌了別人，對方、父母、老師都會難過」、「周圍的人不會站在你這邊，而是會指責你」。因此需要事先告知孩子學校的霸凌因應方針，並提供霸凌諮詢等資訊，讓孩子預期霸凌會迅速得到處理。此外，學校教師的行為也會影響霸凌的多寡。在被信任、受歡迎、被認為客觀公正的老師手下，霸凌會受到抑制。孩子會預期罪惡感：「連那位好老師都責罵我，那我一定做了非常糟糕的事情」。

相反地，在被認為會不合理行使權力的老師班級裡，霸凌會增加。不合理行使權力本身會增加壓力，甚至會讓孩子學習到霸凌的手段。為了提高罪惡感的預期，需要營造一個舒適的教室氛圍，提升學生的接納程度。創造一個會讓學生想投入其中，「想開心度過時光的教室」。

或者，至少是不會讓學生想攻擊他人的教室。創造出這樣的教室氛圍非常重要。

同理心和罪惡感能夠減少霸凌。此外，告訴孩子霸凌的定義及其影響也很重要。還要教導孩子，即使是感到不對勁或想表達自己的意見時，也不要採取攻擊他人的溝通方式。請家長務必要告訴孩子「什麼樣的行為算是霸凌」以及「除了霸凌之外，還能採取哪些手段」。

可以和孩子一起回顧：在哪些情況下，你會想要攻擊他人？並一併思考除了攻擊之外能採取的手段。另外，還要帶著孩子思考如果不小心攻擊了他人該怎麼辦，如果受到攻擊該怎麼辦。告知孩子除了重複暴力之外，還有其他應對方式，這個方法十分有效。

4 為了不讓孩子成為霸凌者的家庭教育

家長在家裡可以做些什麼來防止孩子霸凌別人？

荻上 觀看遭受霸凌的成年人講述自己經歷的影片節目時，我們可以學到「原來，就算是大人，遭到霸凌之後，果然也會痛苦很久」、「原來，就算是大人，痛苦時也可以說出口」、「原來這種讓人痛苦的行為是不可取的」。

在親子對話時，舉例來說，可以跟孩子說「爸爸以前被霸凌，經歷過這樣的事情，所以當時我就想，我不想做出這些行為。因此，我不希望你成為霸凌別人的人。還有，如果你被霸凌了，爸爸會全力幫助你逃脫，或是去解決問題，所以你一定要告訴我。」我認為這些對話這很重要。此外，霸凌行為會因壓力而增加。這些壓力有很大的一部分來自學校壓力，如果教室無法讓孩子控制自己的步調，各種風險也會隨之升高。同時，來自家庭的壓力不僅會增加霸凌的風險，還會增加整體心理健康惡化的風險。因此，為了讓家成為「孩子感到舒適自在的地方」，日常溝通非常重要。此外，家長要事先告知孩子，即使平常知道「不應該攻擊他人」，但在某些情況下仍可能會忍不住想要攻擊。讓抑制攻擊的規範失靈的動機大致分為四種：

第一種是，想給人教訓的邏輯起了作用時。將自己的行為視為「教訓而非攻擊」有可能導致行為激化。

第二種是，排除異己時。雖然心裡知道「攻擊是不好的，但那傢伙不是我們的一份子，就算攻擊他，也不會有罪惡感」，故導致規範失效。

第三種是，攻擊行為本身產生享樂性質時。有時孩子會從攻擊中獲得快感，覺得對方反應很有趣，或是把它當成遊戲、模仿摔角、戲弄他人、搞笑的溝通方式，認為「這不是霸凌，這很好玩」。

第四種是，從眾壓力。即使有抑制攻擊的規範，但當感覺到「如果現在不這樣做，自己就會成為下一個目標」或「現在就是可以做這種事的氛圍」時，規範就有可能失效。由於上述這些原因，可能導致抑制攻擊的規範失靈，是以透過各種情境和故事來提醒孩子注意非常重要。

犬山 即使自己沒有被霸凌的經驗，也有專題報導講述成年人過去遭到霸凌的經歷，家長或許可以和孩子一起看看。透過這樣的方式，讓孩子想像「霸凌」的痛苦，這點很重要。此外，我也覺得家長有必要和孩子一起學習哪些動機會讓抑制攻擊的規範失效。當大人具備了這些知識，或許可以避免以「管教」為名義的虐待行為。

5 為了不讓孩子成為旁觀者，要教育孩子還有成為旁觀者之外的選擇

我們也必須考慮到孩子成為霸凌旁觀者的情況。如果班級裡發生霸凌，成為旁觀者的比例肯定會很高。在這種情況下，家長可以如何與孩子溝通呢？

荻上 我認為，為了不成為旁觀者，告訴孩子除了旁觀者之外還有哪些角色很重要。首先想到的是**「仲裁者」。這是一個介入現場解決問題，或者說「好了好了」來勸阻他人的角色。**

然而，就算是大人，想扮演好仲裁者或解決者這種角色，難度也相當高。例如，當火車上發生糾紛時，我們不會自己介入，而是會呼叫站務員或警察。也就是說，除了仲裁者之外，還有一種角色叫做**「通報者」**。

向能夠解決問題的人求助，或叫來這些人，就是通報者的任務。在發生霸凌時，通報的對象是學校老師、家長，或是教育機構、教育委員會、行政機關等。成為通報者也是一種手段。

然而，對霸凌者來說，通報者可說是非常礙眼的存在。由於通報者會阻止霸凌行為繼續下去，霸凌者會用一套自己的邏輯來妨礙通報者。他們會嘗試用「告密的人很遜」這種話語來束縛他人，因此，事先告訴孩子「不通報的人才是不對的」就很重要。

此外，還有另外兩個角色。一個是**「避難所（Shelter）」**。**對於正在遭受霸凌的人來**

說，自己不參與霸凌行為，而是一如既往地繼續與他相處。這意味著自己能成為他的避難所。也就是說，即使無法出手相助，也無法阻止霸凌，但仍然可以繼續保持聯繫。扮演這樣的避難所角色。

另一個是**「轉換者（Switcher）」。也就是改變溝通氛圍的人。**如果有人開始說別人的壞話，就不要加入這種溝通，而是去嘗試轉移話題。或者，當氣氛傾向一面倒地說一個人的壞話、要「孤立那個人」時，就轉移話題說「但是，他也有好的地方啊」。如果話題轉到那個方向，自己就離開現場，不助長、不維持、不參與這種溝通模式。這是一個很重要的角色。

除了視而不見之外，還有哪些方法呢？至少有仲裁、通報、成為避難所、轉換氣氛這四種選擇。如果孩子不知道有這些方法，也不知道有可以支援他們的環境與制度，他們就很難採取行動。正因如此，像避難訓練一樣，事先告知孩子有這些角色可以選擇就非常重要。

然後，如果是學校的集體霸凌，我希望告訴孩子們「請成為脫離集體霸凌的人」。雖然當第一個脫離的人也很重要，但我會特別期許大家能成為第二個脫離的人。**如果有一個人先說：「我覺得那樣很奇怪」，然後有人接著說：「對啊」透過這樣第二個人的存在，就能形成反霸凌的氛圍。**我希望大家能傳達這項訊息，**努力營造出一個能誕生「勇敢的第二個人」的教室。**

犬山 聽到這些角色名稱後，我才發現自己過去所做的事情原來都有相對應的角色名稱。當有人開始說別人壞話時，離開現場、轉移話題、嘗試與可能被社群排擠的人來往、向遇到性騷擾或家庭暴力困擾的朋友介紹諮詢窗口或律師……有過這些經驗的人應該不少吧。在可行的範圍內，家長或許也可考慮將這些經驗告訴孩子們。

6 當孩子遭到霸凌

家長應該盡最大的努力，讓孩子不要霸凌別人。然而，當孩子遭到霸凌，這完全不是受害者本人或是家長的責任。我認為建議別人「為了不被霸凌，可以採取這種行動」大有問題。限制受害一方的行為，或追究受害者的責任，是很不合理的。所以我認為，應該持續強調「不要霸凌別人」。

然而，當孩子被霸凌時，或者當我們感覺到有這種跡象時，家長該怎麼辦呢？此外，有一些孩子會很努力不讓家長察覺自己被霸凌，遇到這種情況時，我們該如何小心地保護孩子呢？還有，該怎麼去與學校互動呢？

荻上 首先，前提是學校有義務處理霸凌。霸凌防止法第二十二條要求學校必須常設霸凌對策小組。現在，霸凌不再是由班導一個人處理的問題。如果沒有向學校等機構分享資訊，這件事本身就違反了霸凌防止法。

有證據顯示，霸凌對策的學校會議和向家長提供資訊對於減少霸凌是有效的。首先，必須透過學校會議，事先向大家說明「每個人都有可能成為霸凌的受害者和加害者」、「不要讓受害者家長/加害者家長對立，而是要合作改善導致霸凌的風氣」。我認為要讓大家先有這樣的基礎認知會比較好。

此外，重要的是要事先告知大家「當學校收到通報時的處理方式」。譬如說，我們知道打一一〇警察就會趕來，反之，如果不知道向老師諮詢後老師會做出什麼行動，就很難開口。因此，要由校方預先公布處理方法，提高通報率，這非常重要。約有七成的霸凌事件在告知老師後就得以解決，所以第一優先的手段就是要提高師長的介入比率。

然後，**建議在家時，就要先和孩子事先討論「如果發生霸凌該怎麼辦」**。例如，雖然當孩子被霸凌時，要求受害者改變行為是不合理的，但是在霸凌行為遭到認定前，有必要讓孩子暫時去「避難」。此外，我們常常將霸凌受害後的康復目標設定為「繼續上同一個班級」，但這是不對的。目標應該是重新建立安全的環境。重要的是，傾聽孩子的需求和受害情況，並根據安全受到損害的事實，與學校等單位合作制定改善計畫。

不過，也有孩子不願意談論霸凌的情況。即使不願開口，若孩子的狀況有變，我認為提供照護或提出除了通級指導[31]以外的替代方式會比較好。即使不知道「原因」，也可以提供解決「困擾」的方法，或是提供情緒上的支持，例如讓孩子宣洩壓力。

犬山 如果學校沒有提供如何處理霸凌的資訊，那麼與同學家長一起向學校要求提供資訊也很重要。此外我們很容易將「恢復正常上學」視為目標，這其實是不對的，我們應該將「為孩子營造安全的環境」設定為最終目標。例如，若霸凌行為被揭發後，加害者只是被迫說聲「對不起」就草草了事，如此一來，充滿壓力的環境並沒有改變，最終還是會讓孩子持續痛苦下去。

家長可以多方蒐集有哪些照護孩子的方法、有哪些處理手段等資訊，不要將問題侷限於家庭內部，向周圍的人求助也很重要。

31 日本教育制度之一，針對有特殊需求的學生進行的特殊指導。

7 當孩子霸凌了別人

至此，我們已經談討了許多避免孩子霸凌他人的方法，但萬一在某種情況下，孩子仍不小心霸凌了別人呢？有時本以為只不過是在開玩笑，只是在鬧著玩，但實際上卻演變成霸凌的案例也不少。如果自己的孩子成了加害者，家長肯定會感到相當震驚。即使腦中明白，情感上也可能不願承認事實。然而，這種話是不可以說出口的，因為被霸凌的孩子所受到的傷害要深得多了。

「我家孩子絕對不會霸凌別人」、「我的孩子才不會這樣」。家長當然都會這樣想，也相信自己的孩子，就算如此，所有家長都有機會成為加害者的家長。

荻上 如前所述，最好假設大多數孩子都會成為加害者。問題在於大人是否具備應對能力。常見的問題是家長之間的對立。霸凌是相互循環的，因此應將改善教室風氣為目標，但我希望大家了解到一點，「讓自己的孩子道歉」或「袒護自己的孩子」有時反而會妨礙到對話及改善環境的可能性。

如果孩子成為了加害者，有必要一同去思考如何防止霸凌行為再次發生。引發霸凌的契機為何？如何才能不再重蹈覆轍？我們必須教育孩子，要讓他們相信，即使大人會責備其行為，但我們絕不會放棄他們。

當然，事實的調查對於任何霸凌案件來說都非常困難。在大人看不見的地方發生的霸凌，特別是沒有肢體暴力的言語溝通類的霸凌行為，很難留下證據。因此，很容易陷入「你有」「不，我沒有」這種各執一詞的形況。霸凌並非都是強者欺負弱者，或社交能力強的人欺負社交能力弱的人。也有雙方相互報復的案件，或是原因和性質錯綜複雜的複雜案件。

例如，可能出現這種複雜的案件：「甲同學持續惡作劇以引起注意，對壓力敏感的乙同學造成負擔，當丙同學等人得知此事後，與甲同學保持距離，甲同學認為自己被無視，因此拒絕上學。」在這種情況下，僅截取特定片段，就斷定「甲同學的惡作劇是霸凌」、「乙同學的抱怨是在說人壞話」、「丙同學調整人際關係的方式是無視他人」，是無法解決問題的。另一方面，家長所採取的維護孩子的行為及處理方式，有時反而無助於解決問題或改善環境。

在這種情況下，應謹慎查明事實，用「有人這樣說，你覺得呢？」的方式，小心進行詢問和對話。即使最終無法確定事實或獲得鐵證，很明顯地，還是有必要進行指導或治療教育。如果孩子否認，不代表處理可以就此結束，仍必須與其他家長和學校共享資訊，並將其應用於之後用來保護孩子的措施上。

與提出受害的兒童家長一起合作尤其重要。最好能和學校一起合作，以預防霸凌事件再次發生，打造不容易產生霸凌的教室為主要目標，而不是將道歉視為終點。從今往後，當發生任何問題時，應共同合作，討論如何指導孩子們。為了建立這樣的信任關係，家長之間必須建立起人際網路，並舉行相關會議。

8 創造低壓力的家庭環境：生氣的兩種替代方式

為了不讓孩子霸凌他人，也為了孩子自己，我們希望打造無壓力的家庭環境。這是許多人和我自己共同的願望。具體來說，我們該怎麼做才好呢？

荻上 我們必須先想像一個充滿壓力的家庭環境，並逐一排除有害的要素，或者說，我們可以用害處較低的替代方式取代之。

例如，美國心理學會發布了關於體罰的指南，內容指出體罰百害而無一利，應該停止體罰。同時，他們也提供了其他方法，說明應該使用哪些手段來取代體罰。實際上，即使是親子，彼此也是獨立的個體，身為父母也會感到有壓力。重要的是，家長也要學會當自己壓力即將爆發時該怎麼辦，此時的替代方式主要有兩種：

第一種是停止特權。家長不應侵犯孩子的基本人權，但透過暫停特權，可以適當地傳達懲罰的用意。例如，平時允許孩子帶智慧型手機進房間，但懲罰孩子時，可禁止孩子在客廳以外的地方使用手機一星期。平時門禁時間是晚上七點，懲罰時可將門禁時間改為晚上五點兩星期。透過限制原本允許的行為，家長可以傳達憤怒的訊息。

另一種是暫停法（Time-out）。為了讓彼此冷靜下來，可以各自到不同房間待個十到十五分鐘，之後再重新進行討論。在冷靜下來的這段時間裡，即使有點尷尬，也要思考有沒有其他表達方式。不過，絕對不可以把孩子關進衣櫃等地方，或是把孩子趕到外面或陽台。據說這兩種方法很有效。重要的是，透過在學校和家庭中導入這些方法，逐步取代體罰等有害的方式。

9 提升孩子幸福程度的方法

除了減輕孩子的壓力外，提升孩子的幸福也很重要。具體來說有哪些方法呢？

荻上 提升身心福祉（well-being）、幸福感有幾個重要的關鍵，其中之一是：是否具有自我控制感——也就是自己是否能自主掌控身邊的事物。自己不是被他人控制的，而是能夠做出選擇的這種掌控感。

例如，有一個簡單易懂的實驗：在某養老院裡，將受試者分成兩組進行實驗。其中一組養老院每周會更換不同的花朵。花朵很漂亮，花盆裡的花也很美。另一組養老院則發給他們花盆和種子，讓他們自己去種植。哪一組的生活品質（QOL）會提高呢？實際上是後者。不管是哪一組，受試者都能接觸到美好的事物。然而，後者有自己能掌控環境的實感。重要的不是花朵盛開的結果，而是自己參與了讓花朵盛開的過程。

實際上，許多關於親子壓力的文章也提到，當孩子一直被迫穿上父母認為時髦的衣服，就算周遭的人稱讚他「好可愛」、「好好看」，但因為缺乏自我控制感，所以無法認同這些評論，反而感到不適。孩子有自己想穿的衣服，雖然就結果來看，他們確實得到了稱讚，但**孩子想要的不是稱讚這個結果，而是對自己選擇的認同，以及對自己努力的肯定**。學習才藝也是如此。即使被周遭的人稱讚「你是天才」、「你做得很好」，但孩子可能並不想學習這個才藝，而是想學別的。這種自我控制感的需求是否得到滿足，會大大影響對生活的滿意度和壓力。因此，我覺得知道孩子的主體性、滿足感、肯定程度在家庭中被滿足到什麼程度，這非常重要。

犬山 我們是為了讓孩子幸福而努力育兒，所以「自我控制感」對育兒來說，是個相當重要的關鍵詞。以我自己為例，我一直覺得自己「是被迫參加國中升學考試的」。就算我現在已長大成人，仍一直糾結於「自己無法選擇自己的人生」而難以釋懷。如果當時是出於自己的意願，是自己想去上補習班、想去那所學校所以努力讀書、為了將來的夢想而努力，如果是因為這樣的動機，我想即使是同樣為了考試唸書，感受也會有所不同。

第8章

想培養出孩子面對逆境百折不撓的心理韌性

我出門了！
想要盡力保護孩子
但很難將孩子護得毫髮無傷
出門小心
就算孩子會受到傷害、經歷失敗，也不能徹底將孩子遮蔽起來，那樣也是不健全的
……既然如此，我想知道的是
如何照護受傷心靈的方法
如何尋求專業人士的協助；如何選擇適合自己的專業人士
·醫師
·諮商心理師
我自己就從諮商心理師那裡獲得了相當大的幫助
我真希望我小時候就知道有這些方法
我希望能培養孩子的復原能力！
心理韌性
不管發生了什麼事，都能覺得只要活著就好
起身

我直到三十幾歲罹患焦慮症後，才學會照顧自己的身心。在那之前，如果是身體不適，我會去醫院看病或好好睡一覺來照顧自己的身體，但卻從未照顧過自己的心理健康。

即使我擁有「心理也會生病」的知識，但我並不知道如何去照顧心理健康，也不知道預防心理生病的方法。以我自己的情況而言，幸運的是很快就去看了身心科，透過藥物處方和學習正念（mindfulness），順利康復了。

然而，我希望在自己還小的時候就學會了這些方法。就像流血時會貼OK繃一樣，我真希望自己小時候就知道當心靈感到痛苦時的處理方法。而且，我一直以來就想知道讓我痛苦的根源是什麼。因為如果不知道根源，一直受到傷害，就會覺得一切都是自己的錯。

理所當然地，孩子們也可能有心理不適或心靈生病的時候。

這可能導致繭居、拒絕上學、自殘等行為。

正如前面章節所述，我們生活在一個充滿挑戰的社會中。

我希望當女兒感到痛苦時，身為家長，我能知道如何和她相處，以及自己能做些什麼。此外，我希望女兒能學會受傷時的處理方法，以及從中重新站起來的心理韌性。

1 不評斷孩子，接受孩子說的話

我想學習如何傾聽孩子說話。這是因為，如果孩子好不容易說出自己的感受，卻遭到否定或一味的責罵，他們總有一天會不再開口。即使是大人之間，傾聽也很困難，我們應該抱持著怎樣的心態才好呢？

內田 我認為，不帶任何判斷地去接納孩子的話非常重要。孩子們說話時，並非總是在尋求「這是對的」、「那是錯的」這種簡單的答案。雖然他們可能也會尋求具體的建議，但更重要的是，他們想要的或許只是被傾聽、被理解而已。**身為家長，為了減輕孩子的痛苦，會急於找出解決方案，但並非所有問題都立即需要解決方案。**

實際上，很多時候，孩子們的情緒會隨著時間的推移而改變，問題也會自然解決。當然，霸凌或一些危險情況等需要認真處理的問題確實存在，但關於日常生活中的小問題，信任孩子並讓他們用自己的話語去表達是很重要的。

所以，**身為家長，提供一個孩子可以自由表達自己情感和想法的環境，是孩子成長過程中，家長最重要的任務之一**。而且，我還想告訴孩子們，並非所有問題都必須得到解決。當然，我們會希望將不愉快的事情導向好的方向，也會想要糾正錯誤。

然而，並非所有事情都必須黑白分明，有時也可以有灰色地帶。接受灰色地帶對於保持心靈平靜來說非常重要。我也希望孩子們能理解，並非所有事情都必須完美無缺，能夠接受不確定性也是很重要的。如此一來，他們將擁有更靈活的思維，更能去應付各式各樣的狀況。

犬山　我想就算是大人，也有很多人認為「事情必須黑白分明」吧。當遇到問題時，會覺得「必須立刻解決」，但其實有時候可以先將其視為灰色地帶，然後找人傾訴。不帶批判、全盤接納對方的話，這對於大人之間的對話來說也很重要。

2 透過「再評估」，擺脫負面情緒的控制

和大人比起來，孩子的大腦尚未發育完全。孩子們時常會感到煩躁、發脾氣，或被負面情緒所困擾。該如何控制這些負面情緒和行為呢？

內田 我在日常育兒生活當中，會特別注意「再評估」這項手段。「再評估」是我研究的主題之一，指的是**當感受到負面情緒時，先停下來，探究這種情緒或行為是從何種想法或背景產生的，從而理解自己的情緒。然後，問問自己「真的有必要產生這種負面情緒嗎」，客觀地重新評估這種情緒，並將情況或情緒導向正面方向的心理過程。**

首先，要能成功地控制自己的情緒，特別是從憤怒和傷害中恢復的過程，我認為關鍵在於要對自己誠實。即使壓抑住憤怒，內心沸騰的情緒仍然會持續存在。此外，即使勉強自己去否定自己的焦慮，這種焦慮感也可能以生理反應的形式呈現。有時候可能會導致恐慌或更激烈的憤怒。承認自己當下的感受，並誠實地理解這種感受是因什麼樣的想法而產生的，有了這種反思，一旦出現錯誤的想法，就有機會意識到錯誤。

反之，如果無法誠實面對自己的情感，就容易陷入自我正當化的窠臼，問題反而會變得更加複雜。此外，如果無法承認自己受到傷害，有時會覺得這些傷害彷彿是自己的錯。

當孩子談論自己的想法時，家長要努力理解孩子為什麼會有那樣的感受，這種態度很重要。除此之外，家長可以提供不同的視角，這也會很有幫助。透過分享自己的經驗，可以向孩子展示不同的視角，教他們從不同角度看待問題。在行為方面，如果犯了錯，重要的是思考如何去糾正這個錯誤。此外，如果傷害了別人，重點則是去思考如何讓那個人的心情變好。

兄弟姊妹之間吵架時，重要的是讓彼此都能表達自己的想法，並接受彼此感受可能不同這點。不需要總是抱有相同的想法，一個人的感受會改變也是很自然的事情。

每個人擁有不同的想法是很自然的一件事，但這不應該成為傷害他人的理由，所以我想告訴孩子體諒他人的重要性。

犬山 我自己嘗試過「再評估」之後，首先最讓我驚訝的是，我發現自己有時不願承認焦躁或不安的情緒。透過承認並重新評估自己的情緒，不安和焦躁的情緒就變得不容易持續，我覺得這不僅對孩子，對家長自己來說也是非常好的做法。若能在情緒控制發展階段的童年時期就學習到這個方法，我認為對孩子來說也是一份珍貴的禮物。

3 如何培養心靈的復原能力「心理韌性（Resilience）」

為了學習讓受傷心靈恢復的方法，以及提升心靈的復原能力「心理韌性」，家長還有其他可以做的事情嗎？

內田 如何培養心理韌性沒有一定的答案，但我認為有四點很重要：

①無論結果如何，都要肯定自己的努力。

②有些情況是無法完全由自己控制的，要接受這個事實。

③即使無法完全控制情況，也要相信自己能將狀況稍微轉向對自己有利的方向。

④無論處境多麼艱難，都能相信「自己是有價值的」。

好比說，我在實習醫生時期曾在職場受到騷擾。當時，無論我的上司——也就是指導我的醫生再怎麼不合理地責罵我，我意識到自己都必須好好肯定自己工作上的努力，以及至今為止自己所做的努力。此外，我也接受了那位指導醫師對我產生負面情感的大部分原因並非我所能控制的這個事實。同時，我覺得在這種情況下，了解自己的優點和強項，珍惜這些長處，讓自己盡可能地活得像自己，這也很重要。

舉例來說，我非常喜歡結交新朋友，我認為建立人際關係是我的強項之一。因此，我在那段期間，與指導醫師以外的醫院工作人員建立了良好關係，也與許多患者建立了信任關係，這有讓當時的我感到稍微輕鬆一點。

此外，我也專心致志地去學習醫學知識，努力成為一名表現優秀的實習醫生。當被有權勢的人霸凌時，人往往會懷疑自己的價值，但我覺得正因自己有這樣的意識，我才得以保護了自己的自尊。

另一方面，我其實還有一個和工作完全無關的強項——佛朗明哥舞。雖然在職場上別人讓我覺得「自己是壞學生」，但在佛朗明哥舞教室裡，我卻是頂尖的表演者。像這種透過不同評量基準所獲得的成功體驗，對於建立自信非常重要。擁有多元的評量基準，有助於維持均衡的自我評價。對孩子們來說，他們的世界主要只包括家裡和學校，跟大人比起來，要狹隘許多。然而，透過擁有多元的朋友關係和社會連結，可讓自己的價值觀和自我評價不至於過度偏頗，得以維持良好的均衡。親近的好友不管是一個、三個或十個都好，好好地珍視每一段與學校朋友、才藝班朋友、親戚、家人的關係，就能多多接受來自不同視角的意見，進而將其轉化為自我成長的力量。

如此一來，孩子將不再只依靠單一世界的指標來衡量自己，當他們擁有了多元的人際關係和評量基準，就能提高心理韌性，培養應對難關的能力。

犬山 家長可以協助孩子建立多元的人際關係，譬如說讓孩子去上他們想上的才藝班。另外，還有一點我覺得也很重要，那就是家長自己要擁有多元的人際關係並展現給孩子看。家長提升自己的心理韌性，為孩子樹立榜樣，這也是家長能辦到的事情之一。

4 對孩子大吼或反應過度之後該怎麼辦

當家長傷害了孩子時該怎麼辦？我想應該也有很多人有這樣的煩惱吧。有時家長會因為心力交瘁，對孩子大聲吼叫，或在沒必要生氣的情況下大發脾氣。我自己也曾經莫名其妙地對孩子發過脾氣。家長應當避免發不合理的脾氣，這點固然很重要，但事情發生了之後，該如何與孩子相處呢？

內田 我懂。我也曾對孩子吼叫過。**第一是要向孩子道歉，除此之外，我想解釋家長自身的心理狀態也非常重要。**

之前，到了要去KUMON[32]教室的時間，大兒子卻還沒坐上車，我便發了脾氣。兒子在那之前趕完了兩份作業，我不但沒有稱讚他，反倒是對他生氣，我感到十分後悔。

三十秒後，我向兒子道歉，說：「因為我們每次去KUMON總是遲到，所以媽媽一直想著一定要按照計畫時間走才行。我怕老師認為我們家很散漫，這樣會很丟臉，所以一直想快點出發。不過，就算你晚了三十秒出門，反正都已經遲到了，其實也沒什麼差別了。但是，媽媽一焦急起來就很容易生氣。對不起，媽媽覺得你有好好完成作業真的好棒。你很努力，做得很好。」那時，七歲的大兒子的反應非常成熟，他說：「我有時也會那樣啦」，並表示能夠同理人心情不好時就容易口出惡言。

我們在趕時間時，特別容易變得不耐煩，但我們會希望孩子能理解這種情況並配合。自從那天以來，當我拜託兒子「趕時間時請配合一下」時，兒子也會欣然同意，這讓親子間的溝通變良好了。

此外，**即使是孩子的行為讓自己感到煩躁，與其責怪「都是你的錯」，不如向孩子解釋自己為什麼會有這樣感受，這樣孩子就能反思自己的行為，獲得成長的機會。**

了解焦慮和煩躁等情緒背後的原因，並大方承認它們，這不僅對當一個家長來說很重要，對自己個人來說也同樣重要。**我們所感受到的焦慮和憤怒，往往源於深層的不安和壓力。我們不要只是壓抑這些情緒，而必須去意識到它們從何而來，這對於維持健康的心理狀態是不可或缺的。**對自己誠實並非一件易事。然而，透過理解自己的情緒和行為背後的動機，可以促進自我接納，提升自尊心。承認自己的弱點和失敗，是成長的第一步。與其責怪孩子或他人的行為，不如審視自己的內心，如此才能採取更有建設性的應對方式。

要靠自己單獨去審視自己的內心，可能有點困難，因此，透過與心理師的對話來尋求協助也是一種方法。此外，把自己的情緒和想法寫下來，有助於深化自我理解。這些寫下的內容不需要給任何人看，由於它們是只屬於自己的秘密文本，所以可以誠實地反映出自己的感受和想法。透過這種書寫，可以整理自己的內心，釐清自己感受的背景和成因。

32 公文教育研究會經營的課後輔導機構。主打提供公文式教育。

犬山　「透過理解自己的情緒和行為背後的動機，可以促進自我接納，提升自尊心」、「要靠自己單獨去審視自己內心，可能有點困難，因此，透過與心理師的對話來尋求協助也是一種方法」，這些正是我親身的經歷，在開始心理諮商、面對自己的易怒性格，並了解到憤怒之下隱藏著「想撒嬌」的情緒後，我的生氣次數減少了，甚至在生氣之前就能夠處理自己的情緒，這讓我感受到自己確實成長了。我們總是容易將生氣的原因歸咎於孩子，但真的都是孩子的錯嗎？自己身上真的沒有任何原因嗎？為什麼不是用提醒的方式和孩子溝通，而是發脾氣罵人呢？我們需要好好面對這些問題。

5　當我們對孩子的成功過度執著時及升學期間的照護方式

也有很多家長會因學業而責罵孩子。特別是在有升學壓力的家庭中，孩子和家長雙方可能都很痛苦。

內田 在美國，有很多亞洲家庭拚了命想讓孩子成功，非常重視孩子在學業上的成就。許多家長都希望孩子能進入耶魯或哈佛等名校，並在社會上取得成功。這種期望可能給孩子帶來巨大的壓力。

我本人就是耶魯和哈佛的畢業生，現在也在哈佛任教，但我不同意以大學名號來衡量成功的制度。然而，無論追求何種成功，重視心理健康的重要性是不會改變的。

為了健康地管理來自社會的壓力，可以將追求成功的過程視為與運動訓練或復健相同的概念，這是一個有效的方式。例如，就像足球運動員為了磨練技術而練習，並在必要時進行復健一樣，在學業或其他領域，提供適當的支持和資源也很重要。重要的是為學習創造適當的環境，並提供支持系統來處理學習障礙和精神上的壓力。

此外，對於孩子面臨的障礙和困難，提供克服這些困難的「工具」和「治療」的教育也很重要。人類所擁有的能力本來就十分多樣化，在人生的不同階段，應該都有機會發揮出自己的能力。然而，升學考試卻是在青春期這段有限的時間內，只測量孩子能否在規定時間內解出筆試題目的能力，其結果卻可能會對孩子之後的人生產生深遠的影響。我個人無法贊成這種制度。**身為父母，我認為和孩子分享、討論這些關於升學考試的問題也很重要。**

還有，考試的結果一翻兩瞪眼，只會呈現錄取與否，但努力卻不是只有零或一百分。因為錄取與否而產生喜悅或悲傷等強烈的情緒是理所當然的。然而，**無論是否考上或落榜，為了考試所學習的大量內容、花費的時間，以及過程中獲得的知識和經驗都不會改變。因此，重視過程，並做為家人一起慶祝孩子的努力，這也很重要。**

將教育過程視為個人成長和發展的手段，而非單純追求成績，這樣孩子們就能夠將自己的能力發揮到極限。而且，不僅孩子要學習，這對家長來說，也是一種學習自身管理情緒和期望、建立健全關係的過程。

犬山 確實，面對嚴苛的升學考試，學習量非常龐大，不提供孩子任何照護是不行的。孩子承受的壓力應該相當大，不是「就算辛苦，只要咬牙撐過去」就好了，而是需要家長從旁支持和照顧。

家長更應該注意，不要只關注成績，而是要記住「教育是為了孩子的成長」。或許在考試期間會覺得「現在說這些漂亮話有什麼用」，但如果孩子因此討厭學習，或因此筋疲力盡，從孩子漫長的人生來看，反而讓他們離幸福更遙遠。這也是我在國中升學考試後所感受到的。

6 什麼時候應該尋求身心科或心理諮商的幫助

我感覺很多人對於何時該尋求專業協助感到疑惑。特別是日本，對於身心科和心理諮商的偏見仍然根深蒂固，應該也有許多人覺得就診的門檻很高。

內田 我所任職的麻省總醫院甚至設有一個部門，專門研究如何促進亞洲家庭去尋求針對精神疾病和心理健康的諮商。

包括日本在內的東亞國家，由於歷史和文化背景，有很多人感到難以與他人分享自己的弱點。考量到這種文化特性，我在參與的討論和對話中經常提出的建議是，**不要將弱點視為疾病或治療對象，而是將其視為個人成長的一環，以增強自身實力**。

這種方法將克服弱點或挑戰，定位為直接有助於個人成功的要素。透過這種方式，鼓勵人們不去隱藏弱點，而是將其視為成長的機會，並將其做為提升自身能力的步驟。如果能以這種理解方式去推廣，就能克服文化障礙，讓個人更容易為了自我實現而邁出尋求協助的第一步。

我認為，大眾應該更輕鬆地去看待尋求專業人士協助這件事。實際上，即使沒有被診斷出憂鬱症或焦慮症等狀況，也可以因為有戀愛煩惱、想要探索自我、或因為想了解自己的思維模式等理由去找心理師諮詢。然而，精神科醫師的資源有限，特別是兒童精神科醫師，人手相當缺乏。我自己為了在有限的資源中履行職責，常常只能先開立處方藥，因為只有醫師才能開藥。但其實有時可能需要觀察一段時間後才能決定是否需要用藥，所以我認為先尋求心理師或諮商心理師的幫助是非常有效的。

好了，那何時該去心理諮商，又該如何尋求協助呢？

御手洗 心理諮商所不同於醫療機構，它存在的目的不僅只為了治療症狀。一般來說，醫院的溝通會先從「有什麼問題或症狀嗎？」開始，但在心理諮商時，即使只聊聊天氣、和朋友吵架的事情也可以。即使沒有特別重大的煩惱也可以來。

你可以說你只是來試試看心理諮商，或是想整理人生、對未來感到不安所以想聊聊，這些話題都可以在心理諮商時談。

如果孩子無法一個人接受諮商，也可以先全家一起進行。如果孩子已經具備一定語言能力，可以進行一對一的言語諮商，但除此之外，還有遊戲治療這項選擇。

心理師會在充滿玩具的環境中和孩子一起玩。透過玩的過程中，有時也能培養心理韌性。此外，孩子心中的鬱悶也可能透過遊戲表達出來，也有因此發現了虐待情形的案例。即使沒有大問題，我認為讓孩子嘗試一次遊戲治療也是一個好方法。

犬山 為了讓孩子在真正需要心理諮商時能夠毫不猶豫地尋求協助，家長也可以考慮先帶孩子去體驗看看。另外，我自己覺得，若家長自己有在接受心理諮商，會感覺比較不孤獨，育兒時也會更游刃有餘。

7 精神狀況不佳時，孩子會發出這些訊號

我也想多了解孩子可能罹患的精神疾病。經常聽到有些案例是孩子在年紀輕時就發病，卻因為

家長缺乏相關知識而沒有就醫，導致病情惡化。

為了讓孩子能夠得到專業協助，我們應該注意哪些地方呢？

御手洗 先講一個預備知識，憂鬱症、思覺失調症、焦慮症、飲食障礙等精神疾病的發病時間，其實多落在十幾歲到三十幾歲之間。舉例來說，即使是四十歲左右才到醫療機構就診，其實很多案例都是十幾歲時就發病了。有些人可能認為十幾歲不會罹患精神疾病，這是不對的，十幾歲也當然也可能得病。特別是思覺失調症，它的發病時間大多在十幾歲到二十幾歲、三十歲前後，是一個發病年齡層較年輕的疾病。因此，我們不可能篤定自己的孩子絕對不會罹患精神疾病。家長們必須知道，孩子們表現出的各種徵兆中，有些可能是精神疾病的前兆或實際發病的情況。在這裡，我希望能提供各位一些判斷這些訊號的提示。

首先，可以分為「身體」、「心理」和「行為」這三個領域。**請家長們從身體徵兆、心理徵兆、行為徵兆這三個方面來觀察孩子。**

關於身體徵兆，第一個要觀察的就是睡眠。如果原本就晚睡的孩子一直熬夜，可能影響不大，但如果原本很容易入睡的孩子在某個時期開始失眠，或看起來睡不好，當觀察到這些變化時，就可能是一個警訊。

此外，還有食慾和體重的變化。如果孩子過度節食，或者體重在短時間內增加或減少超過十公斤，背後的原因有可能是精神疾病，所以務必留意這些變化。如果孩子在便利商店買了大量零食狼吞虎嚥地進食，或出現催吐行為，就需要特別注意。飲食障礙多發生在十幾歲的時候，其中許多案例可能是由身體形象的認知扭曲或身體變化等因素所引起。

但我希望大家要注意，即使是家人，在做出和孩子本人身體相關評論時也必須謹慎小心。只因為親近的人說了一句「你變胖了」、「你變瘦了」之類的話，有時也會引發飲食障礙或身體形象的認知扭曲。此外，疲勞感、頭痛、腰痛、肩頸僵硬、便秘、腹瀉、皮膚紅疹等也可能是壓力的警訊。當然，先去檢查身體也很重要，但如果查不出原因，則有可能是心理因素所引發的問題。家長必須小心觀察身體出現的徵兆及健康狀況。

接著是心理徵兆。笑容減少、容易生氣等情緒的劇烈起伏，都是心理狀態的表現。完全不怎麼哭或非常會忍耐，也可能是在壓抑自己。如果情緒波動出現在青春期或叛逆期之外的階段，就可能是一個警訊。

最後是行為徵兆。除了遲到或缺席的狀況增加、拒絕上學之外，青少年常見的行為警訊還

有自殘。說到自殘行為，大家可能立刻就會聯想到割腕，但除了割腕之外還有其他自殘行為，譬如說剝嘴唇的皮、拔眉毛或頭髮、撞擊身體、掐捏自己也都屬於自殘行為。另外，雖然家人很難察覺，但極度頻繁的自慰或與不特定多數人發生性關係也被視為自殘行為之一。

此時很重要的是「不要強迫他們停止行為」。身為父母，我理解想要阻止孩子遲到、缺席、拒絕上學或自殘的心情，但責罵或阻止反而可能出現反效果。

發現有這樣的狀況時，不要去提及這些行為，而是要試著詢問孩子：「最近是不是發生了什麼事？」或是「最近是不是太勉強自己了？」問問題時，建議盡量用能讓對方回答「是」或「否」的問句，而不是開放式的問題。如果問「還好嗎？」人們通常會反射性地回答「沒事」。如果問「怎麼了？」他們可能會回答「沒什麼」。盡可能溫柔地詢問「在哪裡、什麼時候、跟誰、發生了什麼事」，如果感覺孩子仍然難以啟齒，或許尋求專業協助也是一種方法。

犬山 我覺得在這種時候很重要的是，不僅是孩子，家長自己也要接受心理照護。在陪伴患有精神疾病的孩子時，如果家長也能得到專業人士的陪伴和照顧，會加更健康。

8 如何說服孩子接受心理諮商

該如何引導孩子去接受心理諮商或就醫呢？我想有許多人會因為怕傷害到孩子而難以開口吧。

御手洗 問題的根源是因為去接受心理諮商往往會被認為是一種「懲罰」。不少孩子會有一種「自己是因為做了壞事，是不正常的，所以才被帶去心理諮商」的印象。

這時候，建議用**「我想找醫生諮詢一些事情，你願意陪我一起去嗎？」這種講法**——是因為自己有事，所以才請孩子陪同。然後，用順帶的形式，詢問孩子：「○○（孩子的名字）也想聊一下嗎？」這樣會比較好。另外，因為自己要接受健康檢查，所以順便去一下，這種講法也不錯。「媽媽定期會接受保養，你要不要也跟我一起去」，像在邀請朋友一樣的方式也很有效。此外，**告訴孩子「你在諮詢的時候，媽媽不會聽」，營造出一個讓孩子覺得安全的場域也很重要。**

不僅是孩子，也有許多家長希望伴侶能接受心理諮商，但伴侶卻不願意的情況。有些人會將心理諮商視為一個「判斷誰對誰錯」的地方。另外，有人會拒絕是因為他們認為「諮商心理師會和伴侶（妻子）串通起來指責我」。然而，家庭諮商和婚姻諮商並非「判斷誰對誰錯」的地方。其目的是讓大家的溝通更加順暢，並建立健康的歸屬感。

如果孩子或伴侶拒絕去看心理諮商，我認為可以採取「希望你陪我一下」或是「希望你能了解我的狀況」的表達方式會比較有效。

犬山 第一步應該要從家長不該輕忽心理健康以及消除對精神疾病的偏見開始做起。家長一邊要培養孩子心靈恢復力，必要時也要尋求專業協助。除了讓孩子及早接受治療之外，家長自己也要接受心理照護。我知道這很困難，但我自己深有所感，能採取這些行動真的非常重要。

9 如何挑選好的諮商心理師

我想許多人會煩惱「該如何選擇諮商心理師？」這個問題。我自己的諮商心理師是透過朋友介紹的，不過大多數人周遭的朋友可能都沒有心理諮商的經驗吧。

御手洗 我也經常被問到這個問題。基本上，**我建議選擇有臨床心理師、公認心理師、精神科醫師等專業人員的機構。而最重要的是，要在方便通勤的地點。**不過，也可能遇到去家裡附近的心理諮商後卻發現不合適的情況。

追根究柢，希望接受心理諮商的人，我覺得可以分為有明確困擾和總之先去看看的兩種情況。而有明確困擾的人，又可再分為兩種情況。第一種是實際出現身體症狀。例如失眠、孩子突然變得暴躁或繭居等已經表面化的行為或症狀。第二種是感覺似乎有什麼煩惱，或有種說不出的鬱悶感，但表面上並不明顯的情況。

第一種有明確行為異常的情況，與其去心理諮商，可能要去兒童精神科或身心科這類醫療機構比較適當。當醫療機構判斷「接受心理諮商比較好」時，有時會被轉診給醫療機構內的臨床心理師或公認心理師，或者是提供心理諮商所的資訊。若是第二種情況，可以先去心理諮商所試試看。在網路上查詢時，請確認該心理諮商所是否有取得合格執照的專業人員，並查看官網當中關於「本所能提供之諮詢範圍」的介紹。此外，網站上通常也會寫出心理師所屬的學會和專業領域，這些也可以做為參考。

就像尋找看身體疾病的醫院一樣，選擇心理師時也要看專業領域，這點很重要。例如，對

於霸凌或性暴力等暴力問題，建議去有專長為創傷治療的臨床心理師、公認心理師或精神科醫師的地方看診。

然而，說到底，最重要的還是合不合拍。對甲來說最糟糕的心理師，對乙來說可能是最好的心理師。所以，即使你覺得某位心理師很好，也並不代表他適合所有人。我會建議選擇有多位臨床心理師駐點的心理諮商所。如此，當發現不適合時，因為選擇很多，可以更換心理師，也比較容易繼續前往諮詢。

犬山　我想很多人在煩惱時，第一個想到的不是去心理諮商，而是去算命。我不是要否定算命，但我希望更多人知道還有去找有科學實證基礎，受過專業訓練的諮商心理師傾訴問題，聽取建議這個選項。

10 其他可用資源：保健所或健康中心

住在都市地區以外的人，可能會有缺乏心理諮商資源的困擾。在這種情況下該怎麼辦呢？

御手洗 確實，心理諮商所和醫療機構大多集中在都市地區，但其他地區也是有相關機構的。調查自己身邊有哪些機構很重要。此外，除了身心科、精神科、心理諮商所之外，還有許多其他可用的資源。

例如，**日本各地區的保健所和健康中心，不僅接受失眠、憂鬱症等精神疾病的諮詢，也接受家庭暴力、繭居、拒絕上學等青春期問題的諮詢。**保健所和健康中心也有臨床心理師，日本全國各地也都設有精神保健福祉中心[33]。很多人可能都不知道有這些機構，但現在精神科醫療的方針已經轉變為由社區來照護。若不知道有哪些資源，也可以向市公所或區公所詢問相關資訊。保健所、健康中心、精神保健福祉中心也都有設有諮詢窗口。了解這些資訊非常重要。

犬山 原來健康中心和精神保健福祉中心有臨床心理師，我都不知道呢。即使現在沒有任何問題，事先查好附近有哪些機構，就能在緊急有需要時派上用場。

33 類似台灣的心理衛生中心。

後記

我從二十歲起照護罹患罕見疾病的母親長達十四年。懷了女兒之後，我便脫離了照護生活，主要改由姊姊和看護來照護母親。然後，母親在兩年前去世了。

母親是個溫柔、溫和、充滿愛的人，但在我準備國中升學考試時，她變得非常嚴格。我和母親相處最親近、最長的時間是在照護她的期間，但每當提起和母親相處的回憶，我最深刻的記憶還是準備國中升學考試的那三年。

母親很早就失去了自己的父親，我想她一定吃了很多苦。她年輕時可能有過「如果能學鋼琴就好了」、「如果能去補習班就好了」這些想法。我們家的門禁之所以非常嚴格，或許也是因為母親自己曾有過危險的經歷。

現在，我也成了養育女兒的母親，對母親的心情非常能感同身受。因為希望女兒能

「無論如何都要活下去」，希望在自己死後，女兒也能盡可能活得長長久久，所以她可能就會想「如果能上個好大學，就能遇到好的對象，就有人保護她」。所以才會逼迫孩子，反正「人生當中只有這段時期是這樣而已」。

我想母親是為了保護身為女孩的我，把她當時認為「好」的一切都給了我。拜母親之賜，我現在四十二歲，仍健康地活著。

但是，女兒的人生畢竟是女兒的，我的人生是我自己的。我想好好珍惜這一點。我希望女兒能自己選擇自己的人生，感受活著的喜悅。

這次，非常感謝許多老師的協助，讓我們獲取了保護少女們的重要資訊。感謝稻葉可奈子醫生、上野千鶴子老師、內田舞醫生、荻上知紀先生、長田杏奈小姐、清水晶子老師、SHELLY小姐、鈴木朋子小姐、御手洗加奈小姐、吉野Nao小姐。也感謝和我有相同想法、陪我一路走來的編輯星野悠果小姐、小石亞季小姐。

並且，感謝所有因為想要保護女孩而參與問卷調查的各位，謝謝你們。

願少女們和我們都不會再覺得「要是我不是女生就好了」，希望我們都能盡情享受「活出自己人生的喜悅」。

犬山紙子

我不希望她因為自己是女孩而感到後悔

陪伴女兒建立內在力量的教養課

女の子に生まれたこと、後悔してほしくないから

作者　犬山紙子
翻譯　周雨枏
責任編輯　張芝瑜
美術設計　郭家振
行銷企劃　黃嫙嫜

發行人　何飛鵬
事業群總經理　李淑霞
社長　饒素芬
圖書主編　葉承享

出版　城邦文化事業股份有限公司　麥浩斯出版
E-mail　cs@myhomelife.com.tw
地址　115 台北市南港區昆陽街 16 號 7 樓
電話　02-2500-7578

發行　英屬蓋曼群島商家庭傳媒股份有限公司城邦分公司
地址　115 台北市南港區昆陽街 16 號 5 樓
讀者服務專線　0800-020-299（09:30 ～ 12:00；13:30 ～ 17:00）
讀者服務傳真　02-2517-0999
讀者服務信箱　Email: csc@cite.com.tw
劃撥帳號　1983-3516
劃撥戶名　英屬蓋曼群島商家庭傳媒股份有限公司城邦分公司

香港發行　城邦（香港）出版集團有限公司
地址　香港九龍九龍城土瓜灣道 86 號順聯工業大廈 6 樓 A 室
電話　852-2508-6231
傳真　852-2578-9337

馬新發行　城邦（馬新）出版集團 Cite（M）Sdn. Bhd.
地址　41, Jalan Radin Anum, Bandar Baru Sri Petaling,
57000 Kuala Lumpur, Malaysia.
電話　603-90578822
傳真　603-90576622

總經銷　聯合發行股份有限公司
電話　02-29178022
傳真　02-29156275

製版印刷　凱林彩印股份有限公司
定價　新台幣 420 元／港幣 140 元
2025 年 9 月初版一刷・Printed In Taiwan

ＩＳＢＮ　978-626-7691-71-7

國家圖書館出版品預行編目(CIP)資料

我不希望她因為自己是女孩而感到後悔：陪伴女兒建立內在力量的教養課 / 犬山紙子作；周雨枏譯. -- 初版. -- 臺北市：城邦文化事業股份有限公司麥浩斯出版：英屬蓋曼群島商家庭傳媒股份有限公司城邦分公司發行, 2025.09
面；　公分
譯自：女の子に生まれたこと、後悔してほしくないから
ISBN 978-626-7691-71-7(平裝)

1.CST: 親職教育 2.CST: 子女教育 3.CST: 女性

528.2　　114011612